# 一億総貧困時代

why can not we get away from poverty?

雨宮処凛
AMAMIYA, Karin

集英社インターナショナル

# まえがき

「お父さんの子どもを産みました」

2016年のお正月、路上生活を経験した女性から聞いた言葉に、全身が凍りついたのをよく覚えている（第1章で紹介）。

なんと言葉をかけていいのかわからなくて、ただただ頷きながら、彼女の話を聞き続けることしかできなかった。

彼女には、様々な「マイナス要素」が多重債務のように重なっていた。

性的虐待。虐待による教育からの排除。就労からの排除。それによる貧困。路上から入った施設の対応のまずさから継続しない支援。すべてが悪循環のように作用し、現金を得るために、彼女は路上での売春で食いつなぐしかなかった。それがまた、彼女の身を危険に晒す。


そんな状況は、路上に追いやられている人々を象徴するようなものでもあった。

現在、いわゆる「ホームレス数」は減少の一途を辿っている。

2016年実施の「ホームレスの実態に関する全国調査」によると、この国でホームレスとされる人の数は6235人。2003年には2万5千人を超えていたことを思うとかなりの減少である。

しかし、ここで定義される「ホームレス」とは、「都市公園、河川、道路、駅舎その他の施設を故なく起居の場所として日常生活を営んでいる者」。ネットカフェやファストフード店で夜を明かす「家なき」人々は含まれない。また、海外で「ホームレス」と定義される、友人宅や親戚宅を転々としている人々ももちろん含まれない。公園の管理が厳しく、新たにテントなど建てられない今、誰が見てもそれとわかる「ホームレス状態」にある人が減少しているとされるのは当然のことなのだ。もちろん、減少の背景には、〈年越し派遣村〉以降、ホームレス状態でも生活保護の申請ができるという事実が知られるようになったということもある。

そんな中、それでも路上にいる人、その状態が長期化している人には、どんな現実があるのか。冒頭の彼女のように、まるで「多重債務」のように様々な困難が重なっている人が少なくないというのが実感だ。精神障害、知的障害、発達障害、被虐待経験、それによるＰＴＳＤなどを抱え、一度ならずとも支援に繋がったことがあるものの、劣悪な施設での体験から支援を拒絶してしまったり、あるいは貧困ビジネスにひっかかり、辛酸を舐めた経験から不信感に満ちている、というようなケースも多い。

ある意味、路上に行った理由が「失業」だけなら簡単といえる。住所がないと仕事は見つからないので、まずは生活保護を受け、仕事が決まり、自立できたら生活保護を「卒業」すればいい。しかし、それ以外の困難を抱える人のニーズはより複雑で、支援も簡単ではない。ホームレスの数自体は減ったといわれても、ひとりひとりへの対応が難しくなっている。それがこの10年間、貧困の現場を取材してきた私の実感だ。

ホームレス数が減っている一方で、庶民の生活実感を示す数字は悪化の一途を辿っている。

２０１６年現在、厚生労働省の正式発表による貧困率は16・１パーセント。子どもの貧困率は16・３パーセントで６人に１人。ひとり親世帯に限ると54・６パーセント。また、２０１６年発表の「国民生活基礎調査」によると、「生活が苦しい」と感じる世帯は６割。そのうち「大変苦しい」は27・４パーセント。92年には「大変苦しい」は９パーセントだったことを考えると、３倍以上の増加である。

また、２０１５年の「家計の金融行動に関する世論調査」によると、２人以上の世帯で貯金ゼロなのは30・９パーセントで過去最悪。単身世帯では、貯金ゼロ世帯は前年調査比で38・９パーセントから47・６パーセントに激増している。

10年前、「貧困」は、多くの人にとってまだまだ「一部の不運な人の話」だったように思う。

しかし、平均年収１６８万円という非正規雇用率が４割となり、正社員であっても時給換算すると最低賃金ギリギリという労働のブラック化、低賃金化が広まる中、貧困はいつの間にか、他人事ではなくなった。それは「奨学金」という形で迫ってくるかもしれないし、ブラック企業によって心身ともに破壊され尽くすという形で忍び寄ってくるかもしれないし、あるいは、親の介護という形で現れるかもしれない。また、震災や原発事故といった突然の惨事によって、ある日突然「貧困」がもたらされた人もこの国には多くいる。

この本では、そんな「貧困」を巡る実態を取材した。

格差が広がり、超高齢化が進むこの国で、ここに登場する人たちの状況を「他人事」と思える人がいったいどのくらいいるのだろう。私には「一億総活躍社会」どころか「一億総貧困時代」がすぐそこにやってくる気がしてならない。

本書が、あなたのセーフティネットの一助となれたら、そして改めて社会を考える一助となれたら、これほど嬉しいことはない。

雨宮処凛

もくじ

# 一億総貧困時代

# 1

# 「お父さんの子どもを産みました」

## ――虐待の末、路上に辿り着いた女性

大晦日、そして正月は、新しい年に少しばかりの期待を持ちながら、家のふとんの中でゴロ寝する。ぬくぬく、ダラダラして過ごす小さな喜び。誰からもとがめられない、休暇の少ないこの国に生きる私たちに許された数少ない休息の時間だ。けれども、私たちはこれからもずっと、それを手放さずに、奪われずにいることができるのだろうか。

本章では、2013年年末から翌2014年年始以降、毎年恒例になった〈ふとんで年越しプロジェクト〉で2015年末、筆者が出会った「ホームレス」の女性を紹介したい。彼女には、幼い頃からの被虐待経験があり、そして、小学生になる娘さんがいる。気が遠くなるほどに壮絶な彼女の人生だが、しかし、児童虐待の数は、近年ひどく増加しているのが現実でもある。彼女を特殊な人だと、そしてその人生を自己責任に帰することなど、誰ができるのだろう。

## 人生そのものが「被災」だった

「幼い頃からお父さんに性的虐待を受けていて、1回、17歳で堕ろして、27歳で娘を産みました。自分のお父さんの子どもです」

ホテルのベッドに腰かけた優子さん（仮名・30代前半）は、訥々と語った。童顔で、ぱっちりとした目が印象的な女性だ。

2016年1月3日、世間がお正月気分にまだまだ浮かれている頃、彼女は〈ふとんで年越しプロジェクト〉が借り上げた古いビジネスホテルの一室にいた。役所が閉まる年末年始、ホームレス状態などで行き場もなく、所持金もない人などにシェルターを提供する取り組みだ。今回で3回目となるプロジェクトは、12月29日から役所が開く1月4日まで行われた。彼女が支援に繋がり、そのホテルに辿り着いたのは、本人の記憶によれば「12月29日かな？」とのこと。ちょうどプロジェクトが始まった日だ。

出身は福島。2011年3月11日の〈東日本大震災〉の時は郡山にいたそうだが、震災や原発事故の影響は受けなかったという。しかし、彼女の人生そのものが「被災」と言いたくなるほど、壮絶な道のりだった。

「お母さんは、私が6か月の頃に男つくって、私を道端に捨てようとしたそうです。お母さんは統合失調症で、今も入院しています」

一人っ子の優子さんを育てたのは父方の祖母だった。父親、祖母との三人暮らしの家庭は、生活保護を受けていた。優子さんは物心ついた頃から、すぐに暴力を振るい、物を投げつけて大声を出す父親に怯えていたという。

「お父さんがいると、いつもビクビクしてました。ご飯食べてる時も、常に顔色をうかがいながら」

酒に酔って暴れるのかと思ったら、父親は一切アルコールを飲まない人なのだという。が、一度怒りに火がつくと止められない。すでに幼稚園児の頃には、「父親に虐待されて児童園（児童相談所のことだろうか？）に入ったことがある」という。

虐待はそれだけでは済まなかった。彼女は小学校、中学校と学生生活を「特別支援学級」で過ごしている。

「私、まったく普通なのに、ちゃんと勉強もできてたのに、お父さんが私を障害者ってことにしちゃったんですよ。そうしたら障害年金貰えるから」

思わず言葉を失った。私は専門家ではないが、優子さんは普通に話している限り、知的障害などがあるとは思えない。話の筋道もしっかりしているし、日付などもこちらが驚くほどよく覚えている。コミュニケーションをしていて違和感もない。そんな優子さんを「障害年金欲しさ」で障害者に仕立て上げる父親。結局、中学校の終わりまで特別支援学級で過ごした彼女は、高校に進学することはなかった。

そしてその間もずっと、虐待は続いていた。中1の頃には、「ゼロコーラを買ってこいと頼んだのに赤コーラを買ってきた」というだけの理由で暴力を振るわれ、頭を3針縫う大怪我をした。翌日、包帯を巻いて登校すると、先生に「どうしたの?」と聞かれたものの、何も言えなかった。

## 歌舞伎町から路上へ、そして施設から再び歌舞伎町へ

そうしてもうひとつ、彼女には、人に言えない堪え難い虐待が続いていた。性的虐待だ。

「小学校1年生から大人までそういうことされてきて、17歳で堕ろして。お父さんの子どもです。私、警察にも行ったんです。だけど結局は『優子ちゃん嘘つきだから』って言われて。お父さんも警察に『やってない』って。ばあちゃんも、自分の息子が逮捕されたくないから、他の男とやったんだって」

堕胎後も、性的虐待は続いた。そんな家が嫌で、10代の頃から彼女は頻繁に家出をするようになる。しかし、戻ると壮絶な「報復」が待っていた。

「19歳の時、家出したって理由で、ばあちゃんにバリカンで頭刈られて。お父さんは、ばあちゃんにも暴力振るうから、ばあちゃんはお父さんの言いなりなんです。だから成人式はカツラで行きました。あと、20歳の時、家出して戻ってきたらふとん紐で後ろ手に手足縛られて、風呂場に夜中の3時から朝6時まで『反省しろ』って閉じ込められた。うちの風呂、室内じゃなくて外にあったから、雪も降ってる日で寒かった」

また、父親が飲んでいる精神科の薬を無理矢理飲まされることもあったという。

そうして27歳。彼女は父親の子どもを身ごもり、出産。

今、娘さんは「児童園にいる」という。おそらく、児童養護施設だろう。今年の春には小学生になる。実の父親との間の子どもだ。話を聞きながら、私はこの父親がなんの罪にも問われず、普通に暮らしていることが恐ろしくて仕方なくなってきた。

性的虐待について、彼女は警察だけでなく、役所にも助けを求めてきたという。

しかし、対応は同じ。「お前が嘘をついている」ということだった。以前、家出によって保護観察処分になった経験があるという優子さんを、世間は「非行少女」、成人してからは「素行に問題がある人」という目でしか見ないのだ。リアルタイムな暴力、そして性犯罪の被害者なのに、警察も、役所も、どこも動いてはくれない。逆に声を上げれば「嘘つき」と罵られる。

子どもが生まれても、やはり性的虐待は続いていた。そうして子どもが1歳半の時、耐えられなくなった彼女は単身、東京・新宿の歌舞伎町へ。

そこでホストクラブの男性と知り合い、結婚。父親は反対したそうだ。その理由を、優子さんは「自分が娘の障害年金を貰えなくなるから」と言う。どこまでも、最低すぎる父親。しかし、反対を押し切って結婚し、東京での生活が始まった。

数年間、父親から解放された生活が続いたものの、15年夏に転機が訪れた。離婚したのだ。

行く場所もないので実家に戻ったものの、やはり耐えられずに1か月程度で飛び出した。

実家にあった生活保護費を全額持ち、再び歌舞伎町に舞い戻った優子さんは、お金がなくなると売春をしながら日々の生活費を手に入れるしかなかった。稼げない時は、隣町の新大久保に段ボールを敷いて寝たという。

数か月後、彼女は都内の「更生施設」に入る。彼女と話していると「更生施設」という言葉がよく登場するのだが、更生施設とは、生活保護法による保護施設のひとつ。デジタル大辞泉によると、「身体上または精神上の理由により養護および生活指導を必要とする者を収容して、生活扶助を行うことを目的とするもの」。優子さんによると、「DVやストーカーから逃げている女性」などもいるという。彼女は今までいくつかの施設に入ったらしいのだが、その中には、私が取材したことのある婦人保護施設もあった。そこには家族による虐待の被害者や知的障害を抱える女性、親に売春を強要されていた女性などが多くいた。中には、虐待、知的障害、親や知人男性による売春強要のすべてを負っている女性もいた。

まさに「女性の貧困」のすべてが凝縮されたような場所。そこにはDVを受けた女性のシェルターも併設されていた。

優子さんはそんな更生施設に入ったものの、ある日突然、なぜか「札幌の障害者施設」に行くことを勧められる。北海道には縁もゆかりもない。知り合いは一人もいない。

「『こういうところがあるんだけどどうですか』だったらわかるけど、突然言われて。それで、リュック持ってそこを出てきちゃったんです」

そうして再び、歌舞伎町で売春をする。厚生施設に入って2か月後、11月のことだ。この施設を出る時、彼女は携帯電話を失った。施設では携帯の所持は禁止され、入所時に預けなくてはいけないからだ。携帯は、施設を出る時に返される仕組みだという。しかし、優子さんは黙って出てきたので携帯と、もうひとつ、同様に預けた3DSを失った。

「通信は駄目」という決まりかららしいが、この厳しい規則、もう少しなんとかならないものかと思う。もちろん、虐待やストーカー被害者の場合、様々な配慮が必要なことは理解できるが。

## 「お前も、母親と同じことしてるんだ」

その後の12月半ば、彼女は別の施設に入居する。

そこも厳しいところだった。4人部屋で、門限は夜8時。朝7時から全員での掃除が始まる。そんな中、何よりも嫌だったのは、朝、部屋の鍵を開けて職員の男性が起こしにくること。

「ピンポンって鳴らして、すぐに出ないと鍵開けてそのまま入ってきて、肩ゆすって起こしてくるんです。怖い……。女の人が起こしに来るんだったらまだいいけど。もしお風呂入ってる時だったらって、思うだけで怖い……」

彼女は両手で自分を抱きしめるようにし、恐怖にひきつった顔をした。その様子から、本当に怖がっていることが伝わってきた。施設に来る女性には、優子さんのような性的虐待被害者も少なくないはずだ。せめて、寝ている時に部屋に入ってくるのは女性職員にするなどの配慮が必要ではないのだろうか。

そんな施設である日、優子さんは入居者から暴力を受ける。年配の女性に、突然後ろから引っ張られ、押さえつけられたのだ。助けを求め、警察が呼ばれる騒ぎとなった。女性はアルツハイマー病だったという。

「そういうことがいろいろあって、出ちゃったんです」

そうして年末、〈ふとんで年越しプロジェクト〉に辿り着いたというわけだ。以前から都内の炊き出しなどに行っており、顔見知りの支援者がいたことが、路上での年越しから彼女を救ったのだ。

取材の日、優子さんは、去年の8月に家を出て以来、久々に実家に電話したことを教えてくれた。

「そうしたら、お父さんは私が8月に家を出たきりで、その時、私、生活保護費も持ってっちゃったから、『指名手配にしてる』って。『警察に電話してる』って。『もし家に帰ってきたら外には出さない』って。あと、『子どもは優子には渡さない』って。実際に、お父さんの子でもあるわけだから、『俺が子ども引き取る』って。それで、里親に出すって言うんです。あと、『お前も母親と同じことしてるんだぞ』って」

生後6か月の優子さんを道端に捨てようとした母親と「同じ」だと娘をなじるのだ。自分の娘に子どもを産ませた張本人が。

話を聞きながら、理解の範囲を軽く超えた話に、脳みそが沸騰しそうになっていくのを止められなかった。一体、この父親の中ではどんなストーリーが出来上がっているのか。

優子さんは、諦めたように言った。

「お父さんは、うちのお母さんが一人しか子ども産めなかったから、その代わりに自分の娘のお腹を借りて子どもが欲しかったって言ってるんです」

何をどうしてどうやったら、そんな陳腐な「正当化」ができるのだろう。

「私のこと、半分娘で、半分は女性ってことにしてたみたいです」

酒も飲まず、違法な薬物も一切せず、まったくのシラフで娘を犯し続けることができる父親を思うと、おぞましいという言葉しか出てこない。

「寝る時も怖かった。寝てても来たりするから」

そう言った後に、彼女は淡々と続けた。

「今でも私、お父さんとお母さん殺したいなって気持ちはやっぱりあります」

## 「いつもの場所」で会える友達

施設にいる娘さんとは、東京に来て以来、会っていない。

今年は小学校の入学式だが、父親は『入学式には来なくていい』とも言っているという。それに、もし入学式に行ったら、おそらく彼女は父親に力づくで家に戻されるだろう。

「どうやったら娘と面会できるのか」と優子さんは溜め息をついた。

今後の希望は、東京でグループホームなどに住み、娘さんを引き取ること。いろんな仕事もしてみたいという。今までに経験があるのは、清掃やホテルの室内係、そして内職など。内職は、松ぼっくりをスプレーでカラフルに染色し、つまようじでビーズをつけ、最後にラメをつけてキラキラにさせるという作業。クリスマスツリー用のものだろうか。なんだかそんな「平和な家庭の象徴」のようなキラキラした松ぼっくりと、彼女の話のコントラストが強すぎて、頭がクラクラしてくる。

施設に娘さんを入れたのは、祖母だという。連日のように祖母と父親が喧嘩し、娘さんの体重が減っていったことなどが理由だった。そうして今、父親は「娘を引き取る」と言っている。里親に出すとも言っているが、もし、父親のもとに引き取られたら、同じように年金目当てに障害者ということにされ、そうして父親は娘であり孫である女の子に同じことを繰り返すのではないのか。

優子さんへの性的虐待が始まったのは、小学1年生の時である。

この日、午後8時頃に優子さんへの取材を終えた後、友人と食事していると、10時過ぎに携帯が鳴った。

「今どこですか？　今から会えませんか？」

優子さんの声だった。外にいるらしく、辺りのざわめきが聞こえる。

何かあったのか不安になり、指定された歌舞伎町のとある場所に駆けつけると、優子さんは取材の時には見せなかった人懐こい笑顔で「処凛さーん！」と手を振った。

「こっちこっち」と彼女に案内された路上には、女の子たちが5人ほど、座り込んでいた。

「みんな、友達なんです。いっつもここでこうやって集まって喋ってるんです。ここに来ると安心するっていうか。やっぱりここが居場所だなーって」

優子さんはそう言うと、本当に嬉しそうな顔で笑った。彼女によると、みんなネットカフェなどに泊まりながら売春している子たちだという。

彼女たちと座り込み、他愛ない雑談をしていると、次々と男性が声をかけてくる。

「レーズンパンで餌付けする親父」というあだ名をつけられた高齢の男性は、彼女たちと挨拶を交わし、そのたびに煙草を配る。

もう一人、スーツをきっちりと着たサラリーマン風情の男性もいつの間にか女の子の輪に入っていて、私が取材者という立場だとわかると、なんの悪気もない様子で「ここは通称・デブ専通りで、みんなウリやってる女の子たちなんだよねー」などと「解説」してくれる。確かに女の子たちの中にはぽっちゃり体型の子もいるが、そうでない人もいる。みんなに話を聞いてみると、20年間、このような生活をしているという30代女性もいれば、つい2週間前に出産したという女性もいる。また、一見してなんらかの障害があるとわかる40代くらいの女性もいる。

そうして女の子の一人は、本当にごく自然にサラリーマンの隣に座り、腕を組んでしなだれかかる。

風俗産業や個人での売春などが、女性の貧困の一種のセーフティネットになってしまっている事実は、嫌というほど耳にしてきた。そのことと目の前にある光景は繋がるはずなのに、私の中で、どうにもうまく繋がらなかった。サラリーマンと女の子たちは親しげに軽口を叩き合い、それは一見「楽しそう」な光景だったからだ。

それぞれの女性たちに、どんな事情があるのかはわからない。

だけど、家がほぼ地獄で、逃げて逃げて歌舞伎町に辿り着いた優子さんにとって、この吹きっさらしの寒い路上が、やっと一息つける場所なのだ。たぶん同じように様々な事情を抱えているだろう友達の前で生き生きした顔を見せる彼女を見て、ここでただお喋りする時間が、どれほど貴重なものであるのか、寒さに足踏みしながら、なんとなく、わかった。

「今まで、相談する人もいなくて、自分一人で悩み抱え込んで。子ども叱る時って、駄目だよって言えばいいのに、うちのお父さんは頭ごなしにがーっと言うから、何も喋れなくなっちゃって。それでずーっと一人で悩み抱え込んで」

取材の時、優子さんが漏らした言葉だ。おそらくここにいる女の子たちとは、いろんな話ができるのだろう。

だけど、8時が門限の施設では、こんな時間は決して持てない。彼女は携帯も持っていないのだ。

だからこそ、「いつもの場所」で会える友人は貴重なのだ。すべての人間関係を失って生きていける人など、この世にいるだろうか。

## 誰かを助けたい

２０１６年１月４日、役所の開庁日と同時に、年末年始に行き場のない人にシェルターを提供する〈ふとんで年越しプロジェクト〉は終わった。

そうして、彼女の新たな住処を見つける取り組みが始まった。

支援者が協力し合いながら、彼女の希望を聞きつつ、落ち着ける場所を探すのだ。

１月５日、まだ行き先が決まらず、仮住まいの小さなホテルにいる彼女を訪ねた。いくつかの候補があったが、条件がうまく合わなかったりで、なかなか決めるのは難しいようだった。

２日後の１月７日、彼女から電話がかかってきた。

都内某所の施設に無事、入居したのだという。

とりあえず、当面の落ち着き先が決まった安心感からか、電話の声は明るかった。また、そこには厳しい門限もなく、人間関係も今のところ問題なさそうだという。

「いつか、私もお世話になったみなさんと一緒に、ボランティアとかやってみたいなって思ってます。人を助けたい」

取材の日、彼女がぽつんと言った言葉を、なぜか私は思い出していた。

家族、そして助けを求めた警察や役所にことごとく裏切られてきた彼女の中に、それでも「人を助けたい」という思いがあることに、胸を打たれた。

2015年末から2016年にかけての年末年始、多くの人が各地の「越冬」で命を繋いだ。

役所が閉まっている期間、ホームレス状態にある人々などへ炊き出しや夜回り、医療相談や生活相談などをする取り組みが「越冬」だ。普段であれば生活に困窮した場合、役所に行けば生活保護申請などができる。が、年末年始はどうにもならない。また、普段はネットカフェに泊まりながら日雇いなどで働いている層も、この休みによって仕事を失う。そうなると、一気に路上に出てしまうのだ。よって、民間のボランティアが休み返上で走り回ることになる。

私も、横浜の寿町、東京は渋谷、山谷、池袋の越冬現場に行った。

数百人が炊き出しに行列を作る光景は、「圧巻」と言っていいほどだった。若い人の姿もあれば、お年寄りの姿もあった。

それぞれが、それぞれの事情を抱えている。

失業したという人もいれば、家庭の事情を抱えた人もいるだろう。また、障害を抱えた人も少なくなかった。

元旦、そんな各地の越冬現場からシェルターに辿り着いた人が数人参加する食事会が行われ、そこで初めて出会ったのが優子さんだった。

元旦の昼から料理作りが行われ、私が行った時にはテーブルに乗り切らないほどの御馳走が並んでいた。優子さんが担当したというサラダは魚肉ソーセージとツナがたっぷり入っていて、私は何度もおかわりした。家庭的な、ほっとする味だった。料理は昔から得意だという。

近々、彼女と二人で食事する予定だ。

娘さんのことがとても心配にちがいないだろうけれど、まず身を落ち着けることが先だ。ここから、彼女の人生の再出発が始まる。

今まで大変すぎた分、彼女には、幸せになる権利がある。絶対に絶対に、幸せになってほしいと、心から思う。

もう少しで、優子さんの誕生日だ。数日前、気持ちばかりのプレゼントを買った。彼女は喜んでくれるだろうか。今からなんだかドキドキしている。

# 2

# 子どもの虐待と〈貧困〉

## ――見えない孤立と声なきSOS、その傍らで

近年、児童虐待が激増しているという。その数は、全国の児童相談所が対応にあたっただけでも、すでに9万件近くにのぼり、過去最高を記録。連日の関連報道も、ご存じの通りだ。

そこにはネグレクトを含む虐待、そしてその背景にある極度の貧困状態から命からがら逃れた後、自分をケアする間もなく、ごく若くして世の中に出ていかざるを得ない多くの子どもたちの現実がある。家族が最大のセーフティネットであるこの国では、頼るべき親や実家を持たない彼らの現実は、〈ホームレス〉状態と常に隣り合わせでもある。

この章では、虐待環境で育った若者や、児童養護施設などを退所した人たちのアフターケアに取り組む〈ゆずりは〉の高橋亜美さんに、今この国で起きていること、そしてその渦中にある子どもたちとその親たちへの「支援」とは何か、どうあり得るのか、じっくりとお話を伺った。

## 生まれてはじめてはいた靴下

「私は、お父さんとお兄ちゃんの3人暮らしだった。

お父さんは、トンネルやダムの工事をする仕事で、仕事が入ると1か月、家に帰ってこない日もあった。

お父さんがいないとき、家のことや私の世話はお兄ちゃんがしてた。

小学校には行っていたよ。

だって、給食が食べられるから……。

お父さんが仕事でいなくなると、家でごはんは食べられなくなるから、給食のために学校へ行ったの。

小学校のときの友だちには、会いたくないな。

だって私、汚くて臭かったから……。

毎日同じ体操服を着ていて、裸足で靴をはいてたの。

自分では、自分が臭いのってわからないの、不思議だね。

私は小さいときからずっと、お兄ちゃんの使いっぱしりだった。

お兄ちゃんの命令は、絶対だった。

命令をきかないと、お兄ちゃんは私をいっぱい叩いた。

お兄ちゃんが中学生になると、命令をきいてもきかなくても、お兄ちゃんは私を叩くようになった。

家に遊びにきたお兄ちゃんの友だちも、私を叩いたり蹴ったりして笑っていた。

私を叩いたり蹴ったりして、私が鼻血を出したり、立てなくなったりすると、ほんとうにおかしそうに大声で笑っていた。


私が5年生の冬のある日、私の家におとながたくさん来て、『これからは安全な場所で生活するよ。お兄ちゃんとは少し離れて生活するよ』って言われて、突然、施設で暮らすようになった。

はじめて施設に行った日に、施設の人が、私の足の裏を見て、『カサカサだね。ずっと痛かったでしょう』って言いながら、クリームを塗って靴下をそっとはかせてくれた。

生まれてはじめてはいた靴下。

うれしくて、胸がドキドキした。

施設の人に、お兄ちゃんが別の施設に行ったと聞いたけど、お兄ちゃんも靴下はかせてもらっていますか？　って聞きたくて、でも、聞けなかった」

――「はじめてはいた靴下」（石川結貴・高橋亜美編著『愛されなかった私たちが愛を知るまで／傷ついた子ども時代を乗り越え生きる若者たち』所収、かもがわ出版、2013年）

この話を語ってくれた少女は、当時15歳。

ある集会で、この少女について話してくれたのが、今回登場して頂く高橋亜美《たかはしあみ》さん（42歳）だ。高橋さんは2002年から9年間、自立援助ホーム（後述）で働き、11年、アフターケア相談所〈ゆずりは〉を立ち上げた。以降、虐待環境で育った若者や施設を退所した人たちの支援を続けている。

集会で高橋さんが語ったのは、施設にいる少女に、「この施設に入って一番嬉しかったことは?」と聞いた時のこと。てっきり「毎日ご飯が食べられること」とか、そんな答えが返ってくるかと思っていたという。すると女の子は「初めて靴下をはいたこと」と答えたというのだ。

生まれて初めて靴下をはいた日。おそらく、ほとんどの人はそんな記憶などないだろう。だけど、その子にとってはものすごく「特別」な出来事だったのだ。靴下をはいたことだけでなく、おそらく、カサカサの足の裏に大人によってクリームを塗ってもらったことも。自分が大切にされているという実感。もしかしたらその女の子は、小学5年生のその日初めて、「大人に優しくいたわられる」経験をしたのかもしれない。

## なぜ彼らは「ホームレス」になるのか

2016年現在、虐待などの理由で児童養護施設など「社会的養護」のもとで生活している子どもは4万7000人。14年度には、全国の児童相談所で対応にあたった児童虐待件数が約8万9000件と過去最高を記録。虐待件数は、24年間連続で過去最多を更新し続けているという。

そんな児童養護施設は、この10年、貧困問題を追ってきた私にとって、どこか「身近」なものだった。リーマンショック以降、目に見えて増えていった若年ホームレスの中に、児童養護施設出身者が少なくなかったからだ。

頼れるべき親や実家を持たない彼らがホームレスとなってしまうのは、「家族」が最大のセーフティネットであるこの国において、ある意味で「当たり前」と言える。

私の出会った20代前半のある男性は、児童養護施設を出て住み込み就職したものの、突然仕事を切られてしまい、同時に住む場所も追われてしまう。頼れる親がいればお金を借りたり実家に戻ったりできるだろうが、彼が行き着いたのは公園だった。

また、里親家庭で育ったが、17歳までそのことを知らず、ある日突然「実は本当の親じゃなくて里親だった。出てってくれ」と言われて、4日後には自立援助ホームに入れられたという少年もいた。身寄りのない彼は18歳で施設を出されてしまうが、自立援助ホームにいる間に働き、貯金をしていたので一人暮らしを始めることができた。しかし、人間関係のトラブルに巻き込まれ、住む場所を失ってしまう。19歳でホームレスになってしまった彼は元いた施設に頼るものの、「住み込み就職しかない」と言われ、路上を彷徨っていた時に倒れて運ばれた病院で相談しても「住み込み就職しかない」と言われ、また、困り果てて警察に相談しても「住み込み就職しかない」と言われてしまう。しかし、家も住民票も身分証明もない少年を、突然住み込みで雇ってくれるところなどどこにあるというのだろう。

結局、最初の頃は当時付き合っていた彼女（高校生、実家暮らし）の家の近くの公園で野宿をするが、その後は友人の寮に隠れ住んだり、教会で寝たり、なんとか牧場に住み込み就職したり、鳶で働いたりといった日々が続いた。その間、彼は友人から詐欺の話を持ちかけられている。やはり住み込み就職している知的障害の友人を騙してお金を奪おうという計画だ。結局、彼はその計画から下りたが、「家がない」生活は2年ほど続いた。その後、支援者と出会い、生活保護を受給。一時は元気に働き、生活保護からの脱却もあと少しと思われたが、数年後に会った際、「またホームレスになった」と私に告白した。その時の彼は、なんとも言えない自暴自棄な空気をまとっていた。

初めてのホームレス経験で一番辛かったことは、「誰も助けてくれなかったこと」と語っていた彼。社会や他人への深い深い不信感を抱える彼は、おそらくもう30歳近くになっているはずだ。こうして、社会に徹底的にネグレクトされた彼の問題は、年齢とともにより深く重く「自己責任」とされていく。

## 半数以上が行方知れずに

高橋さんは、まさにこの部分に手を差し伸べようとしている人だ。そして〈ゆずりは〉でそれを実践している。

まずは〈ゆずりは〉とはどんなところなのか、聞いてみよう。

「児童養護施設や里親家庭、いわゆる社会的養護の施設を退所した方々が、安心して助けを求められる、『助けて』と言える場所を作りたいと思って開所しました。家賃が払えなくなってホームレスになってしまったり、望まない形で性産業で働くことになったり、そこで搾取されるようなことがあったり。あと、望まない妊娠や出産、借金とか。精神的にもう働けないとか、そんな時に助けを求められる場所です」

こういった「アフターケア」の必要性を感じたのは、高橋さん自身が9年間、自立援助ホーム〈あすなろ荘〉で働いていた経験からだという。先ほどから何度か登場している「自立援助ホーム」とは、虐待などで家庭で生活できない子どものうち、中学を卒業した15～20歳の子どもたちが入所する施設。それぞれが外で働き、自分の稼いだお金で寮費を支払い、生活する。しかし、20歳になったら退所しなければいけない。

「私はそこで9年間、一つ屋根の下でご飯を食べて、一緒に生活しながら支援をしてきました」

そうして支援してきた子たちは、20歳になると施設を出て一人暮らしを始める。が、親に頼れず、中卒の学歴でたったひとり社会に出て行く若者たちの人生には、多くの困難が待ち受けているのは言うまでもない。

「気がついたらカードの借金がたくさんあったとか、あと、刑務所に服役している子もいるし、自殺して亡くなった子もいます」

その困難は、高橋さんのいた〈あすなろ荘〉を出た子たちだけが抱える問題ではなかった。

「ホームレス支援団体とか、婦人保護施設とか、女性のシェルターとか、いわゆる大人の支援をしている人たちと繋がるようになっていったんですが、若年ホームレスの中に施設出身者が結構いることがだんだんとわかってきたんです。『せっかく子どもの時になんとか家庭から保護されて児童福祉のもと育ってきた子たちが、施設を出た後に大変な状況に陥っているというのを、施設の職員の人たちは知っているんですか？』という声を突きつけられました。でも、どこの施設でも退所したその後については手つかずの状況でした。だからそこを本当にどうにかしたいなって」

そんな頃、東京都が行ったある調査結果に高橋さんは衝撃を受ける。過去10年間にわたり、都内の児童養護施設や自立援助ホームを退所した人を対象とした調査だった。そこで明らかとなったのは、施設を出て進学したものの中退していたり、生活保護の受給率が高かったり、孤独を感じている人が非常に多いなどといった結果。が、高橋さんがもっともショックを受けたのは、「居場所がわかる子が半分以下だった」ということ。半分以上は、どこにいるのかも何をしているのかも、連絡先すらもわからないのだ。

「その事実を知って、もともと親や家族を頼れない子たちだから、困った時こそ自分たちのところに相談に来てほしいと強く思うようになったんです。児童福祉法の41条にも、退所した方が困った時には、その出身の施設が支援を担うって書いてある」

以下、児童福祉法第41条だ。


「児童養護施設は、保護者のない児童（乳児を除く。ただし、安定した生活環境の確保その他の理由により特に必要のある場合には、乳児を含む。以下、この条において同じ。）、虐待されている児童その他環境上養護を要する児童を入所させて、これを養護し、あわせて退所した者に対する相談その他の自立のための援助を行うことを目的とする施設とする」


しかし、実際の現場は人手もお金もなく、「手つかず」の状態。

「在籍していた子どもたちこそが、施設もいっぱいいっぱいなんだろうなって感じていたと思います。それでまず、自分のホームでしっかりやっていこうって思ったんです」

まずは在籍している子たちに、積極的に「頼ってほしい」と伝えた。

「困った時は一番に頼ってねっていうのと、一緒にその問題を解決するのは私たちの仕事でもあるから、と。在籍中の支援だけでなく、出た後も見守るっていう。で、退所した子から相談があった時、在籍している10代の子たちにそれをオープンにしていったんです」

例えば、施設を退所した男の子が大晦日にボロボロの状態でやってきたり、やはり退所した女の子が勤務先のキャバクラでトラブルに遭い、駆け込んできたりする。そんな時、高橋さんたちは「来てくれてありがとう」と盛大に喜び、お風呂に入れるなどして「歓待」したという。

「そうやっているのを見ていればね、『俺も、もしこの先こうなってもいいんだ、相談していいんだ』って思ってくれるんじゃないかって。相談することは恥ずかしいことじゃなくて、むしろこの人たち、喜んでるよと（笑）。だって、ある意味、苦労してしまうのは当然だもん。困って当然だよって。そうやっていたら、ホームを出た子の相談もどんどん増えていって、更にはホームを出た子が同じ職場で働いている子を連れてきたりするようになった。『この子、ちょっと困ったことがあって……』みたいな。やっぱりみんな『助けて』という声を上げられないだけなんですよね」

安心して助けを求められる場所があるということ。生きる上で、これ以上に大切なものって果たして他にあるだろうか。

## 高齢児童と自己責任

さて、そんな自立支援ホームと児童養護施設を巡って、16年2月末、厚生労働省からある方針が示された。現在、児童養護施設で暮らす子どもは原則18歳で、自立援助ホームは20歳で退所しなければならないのだが、その年齢を22歳に引き上げようというものだ。社会的養護の現場について詳しくない私は、素朴に「朗報では」と思ったのだが、高橋さんの意見はどうだろうか。

「悪いことではないと思うんですけど、欧米だと、虐待などで家庭で生活できない子どもたちの多くが里親家庭で育ちます。日本の場合、赤ちゃんだと乳児院、子どもたちは養護施設。18歳までというのは高校卒業までということで、児童の定義も2~18歳までとなっているから、18歳までは生活できる。だからそういう意味では、そもそも自立援助ホームって存在しなくてもいい施設なんですよ」

それではなぜ、できたのだろうか。

「高校進学に失敗したり、高校を中退して学校に行っていない〝高齢児童〟がそのまま養護施設で一緒に生活するのが難しいということがあると思います。『じゃあ俺も辞める』みたいになっていったり、生活スタイルが違う子を同じ施設で見ていくのは難しい、ということが理由にされている。なので、中学出たら『働けるよね』『学校行かないなら、ここでは見られないよ』となってしまう。更に言えば、本人が『働きたい』『施設を出たい』と言っているから、という施設もある。それはすべて、大人や社会や施設の事情なんですが。制度としては高校に行っていようが行っていまいが18歳まではいられるのに、結果的には施設を追い出されることにも繋がる。その他にも『家庭復帰』という聞こえのいい理由のもと、まだメチャクチャな家庭に戻したり。過酷な労働が強いられる『住み込み就職』に繋げたり」

なぜ、「保護されるべき子ども」に対してそんなことがまかり通るのだろうか。その背景には、施設がパンク寸前という現状があるようだ。

「やっぱり、命の危険がより大きい、より小さい子たちが優先される。小さい子は虐待で命を落とす危険性が高いから。中学生とか高校生だと、言い方は悪いけど、簡単には死なない。それに、ヤンチャになる年齢だと、本人に自己主張も出てきて、関わるのも大変になってくるし、自分のことを自分でできる年齢にもなってくる。そうなると、ちょっと置き去りにされてしまうような」

10代半ばの子どもたちを「高齢児童」と呼ぶことを、この日、私は初めて知った。社会的養護の世界の専門用語なのだろう。確かに、小さい子どもを虐待から守ることは最優先すべきだ。しかし、「高齢児童」への支援が手薄になってしまうこともまた、取り返しのつかない事態を生むのではないか。様々なトラウマを抱える彼らが思春期ゆえのちょっとした問題行動を起こせば、世間の目は急激に冷たくなり、非行・不良といった文脈で何もかもが「自己責任」とされていく光景が目に浮かぶ。

「高校に行けなかったりして、15、16歳で社会に放り出される。でも、その中の多くの子が虐待のトラウマがあって、親や家族に頼れなくて学歴も中卒で、ってなると、ろくな仕事につけないわけですよ。そういう子たちが入れる施設ということでできたのが自立援助ホームなんです。あと、犯罪を犯して更生施設に入ったものの、出所する時に家庭に戻れない子も来ます。それ以外では、15歳、16歳でやっと保護された子とか」

そこまで成長してから保護されるなんてことがあるのだろうか。

「全然ありますよ。ネグレクトとか性的虐待とか、見えづらい虐待だとその子がずっと我慢する。それこそ家出をしてお金のために援助交際を始めて、警察に保護された時に『家に帰されるんだったら私、本当に死ぬから』ということになって、ようやく虐待が発覚したり。そんなふうにして自立援助ホームに来るケースもある。本当だったらそういう子たちも養護施設や里親家庭に行ければいいんですが」

高橋さんは、「まずは18歳までは児童養護施設できちんと見る」ということを徹底すべきという意見だ。本来であれば制度上は、現在も20歳まではいられることになっているという。

「高校に落ちたとしても、もう1回受験し直せばいいし、バイトしながら夜間の高校に行ってもいいし、高卒認定の勉強をしたっていい。それなのに、そういう子をその間置いておくのは無理だと諦めてしまう施設が多い」

そうして場合によっては15歳で「自立」を強要される。衣食住が保証される養護施設と違い、自立援助ホームでは、外に働きに行き、自分で寮費を払わなければならない。

ここまで話を聞いて、「虐待」とその後遺症というハンディを背負って施設で暮らす子どもたちは、10代にして「人生のやり直し」ができないというハンディまで背負っているということに驚愕した。一度の受験の失敗が、場合によっては養護施設からの退所に繋がってしまう。

逆だろ？　と思うのは私だけではないはずだ。ハンディがあるからこそ、何度もチャンスが与えられ、余裕をもった見守りが必要ではないのか。しかし、人手不足や予算がないという問題で、ケアが必要な子どもたちはハンディを背負ったまま、慌ただしく自立へと急かされる。現政権の掲げる「一億総活躍」という言葉が、また一つ、空々しく感じられる。

さて、それではここで、どんな経緯を経て子どもたちは児童養護施設に入ってくるのか、改めて説明しよう。

厚生労働省によると、養護施設の入所理由の6割程度が虐待とされているが、高橋さんによると「現場の実感としては、ほとんどのケースが虐待を理由にした入所。もう少し言い方を変えると、安心安全な生活を送ってきた子どもが施設に入所するということはありません」とのこと。

まずは近所の人や学校などからの通報を受け、児童相談所が動く。そこからシェルターのような「一時保護所」に一旦入り、各地の児童養護施設に振り分けられるという流れだ。

それでは彼らの家庭は、どんな状況なのだろうか。

「親が生きている子がほとんどなんですが、親が親として機能していない。身体的虐待だったら、まだ痣が目に見えたり、ものすごい悲鳴が聞こえてきたりして通報されやすいけど、ネグレクト、超貧困の場合はなかなかわからないですね。あと今、不登校がOKみたいな感じがありますよね。私は不登校も一つの選択肢だと思っていますが、家庭がひどい状況だと、学校に行くなんて発想もなくなる。行ったら行ったで『臭い』『汚い』といじめられる。そういう中で、不登校も選択肢だという意識が一人歩きしてしまうと、学校も介入してこないので置き去りにされてしまう。その上、個人情報が、とか言われてしまうと、学校との繋がりはさらに薄くなる。そんな状況の中で、ずっと父子家庭で、何年間もお風呂に入っていないような子どもが暮らしている。びっくりするけど、できちゃうんです。殴る蹴るの虐待じゃない。ネグレクトと貧困が重なっている」

本章冒頭にも掲げた、高橋さんが編著者の一人である『愛されなかった私たちが愛を知るまで／傷ついた子ども時代を乗り越え生きる若者たち』には、17歳で児童相談所に保護された少年も登場する。保護されるまでの17年間、彼は車の中かマンガ本の上でしか寝たことがなかったという。家はゴミだらけで足の踏み場もなく、家の玄関に少年ジャンプや少年マガジンを重ねてなんとか「ベッド」を作り寝ていたというのだ。少年は、電気屋でたまたま見たテレビで施設のことを知る。その足で警察に行き、「施設に入りたい」と伝え、養護施設に入ったということだった。

「僕は施設に入って、ふとんの上で寝たとき、あまりに気持ちよくてびっくりしました」

　彼はそんなふうに書いていている。

　一方、冒頭で紹介した「はじめてはいた靴下」の彼女の家庭もネグレクトと言えるだろう。父子家庭で、小学生の子ども二人を置いて1か月も戻らないような「出稼ぎ」をしていた父親。給食で命を繋ぐしかなかった兄と妹。そして兄から妹への壮絶な暴力。

「暴力は肯定しないけれど、お兄ちゃんもものすごい恐怖とか緊張状態の中にいて、妹を攻撃することでなんとか自分を安定させていたんだと思います。無意識にね」と高橋さん。

　この父子家庭の父親について、あなたはどう思うだろうか。

　表面だけ見れば「ひどい父親」かもしれない。しかし、とにかく働いて子どもを食べさせなければと必死だったのだろう。父親は出稼ぎから戻って家のドアを開ける時、どれほどの恐怖を感じていただろうか。餓死していたっておかしくないし、病気になっている可能性もある。子ども二人であれば、火事なんかが起きる可能性もある。おそらく、子どもをどうすればいいのか、どんな使える制度があるのか、情報もなければ相談する人もいなかったのだろう。もちろん、頼れる人も。

　こういう孤立した親にこそ、丁寧な支援と適切な情報が必要だと思う。子どもの貧困や虐待の背景には、多くの場合、孤立し、どこにも頼れないと思い込んでいる親がいる。あるいは、行政などに頼ったものの、そこで「ひどいことを言われ」るなどして、深い不信感を抱いている親。「公的な支援の場所が、非難される場所、一方的に指導される場所って、困ってる人ほど思ってる。安易に相談したくない、全部自分でやらなきゃって、真面目な人ほど思うんですよね」

もし、私がこの父親とどこかで関わることができたら、間違いなくすぐに生活保護の受給を勧める。そうしてまずは親子三人生活の基盤を整えて、1か月も留守にして子どもの命を危険に晒さなくてはいけないような条件の仕事ではなく、自宅から通える仕事を探せばいいのだ。

## 「たすけて」って言えない

さて、現在、孤立し、虐待をしてしまっている親にはどんな支援があるのだろうか。

「一応、児童相談所が親へのカウンセリングや指導をすることになっているんですが、児童相談所の職員だって足りていない。親の指導の前に、今困っている子たちを保護しなきゃいけない現実がある。一時保護所も常に満床の状態で、親への介入支援はなかなかできない。それに、親への支援の方がより難しいんですよね。大人としてすでに出来上がっているものを変えていくってすごく時間も労力もかかる。スキルももっと必要だし。

例えば子どもを虐待しているお母さんだったら、あなたを罰するために子どもを保護したのではなく、あなたを守るためでもあると伝える。一回落ち着いてゆっくり休んでって。子どもに手を出してしまう背景の多くには、貧困や精神疾患やＤＶがある。お母さん自身も追い込まれている。こちらは決して敵じゃないよ、と。でも、『施設に子どもをとられた』ってなっちゃうから難しいですよね。親を加害者としてしか見ていないと、向こうだってこちらをそう見る。もちろん子どもにやっちゃいけないことをやってきた、それはいけないことであっても、親も苦しかったよね、って部分は絶対にあるから」

同時に虐待の問題で難しいのは、子ども自身が「何が虐待なのか」がわからず、自分が被害を受けていることに気づいていないケースも多いことだ。

「例えば性虐待の場合、自分の父親にずっと性被害を受けていることを、いったい誰にどうやって言えばいいのか。これは『助けて』って言っていいんだよ、という教育が必要だと思います。これはすごく不適切なことだとか、そういう教育が日本ではごっそり抜けている。もっと言うと、自分を大切にするとか、暴力は絶対に許されちゃいけないんだってことだとか、そんなことも全然教わってきていない。だから、親にものすごく支配されていたり、されちゃいけないことをされていても、子どもはそうとは気づかない。『僕が勉強できなかったから当然』とか、『自分が悪いんだ』とか。一人の人間として大事にされること、尊重されることについての教育がまったくないから、危険に対して鈍感というか。当たり前に『自分は大切なんだ』ってことをもっと実感していけるようなものがないと、いくら周りの大人に虐待に『気づけ』って言っても、そんなに介入できない。一番いいのは、その子がSOSを発する力を持つことだと思うんです」

このことは社会全体で取り組むべき課題だろう。まだまだ多くの子どもが「SOSを発する力」を持たない今、子どもたちの微妙なサインに私たちはどう気づけばいいのだろう。

「だいたい、『たすけて』って4文字じゃない言葉で発してきますね。例えば、嘘ばかりつくとか。嘘をつくことでなんとか自分を保つじゃないけど、家でのひどい現実を非現実にするために嘘をついちゃう。あと、攻撃的だったり、弱い子をいじめたり。いじめを家庭でのストレスのはけ口にしていたり。もしくは、シャットアウトする。全然口を聞かないとか。それと、一見楽しそうに見えるけど、空元気みたいな。近所の人でも先生でも、繋がりがあれば『あれ?』って思うことはあると思うんですよね。一歩踏み込むおせっかいが必要だと思います。やっぱり、見ようとしないと見えてこないし聞こえてこない。逆にちょっと図々しく関わっていけば、意外に言ってくれたりする」

## 「除染作業に行かないといけないよ」

ここで現在の高橋さんの支援の話に戻りたい。

大変な思いをして施設に辿り着き、彼らが退所して社会に出る頃、具体的にはどんな困難が待ち受けているのだろうか。

「やっぱり、親や家族が見えないセーフティネットになっているので、例えば、アパートを借りる時とか、連帯保証人の親がいないとまず大変ですよね。就職の時だって保証人が必要になる場合もあるし、入院したり、望まない妊娠をして中絶手術しなくちゃいけない時とかも。『両親とも死にました』だったらわかりやすいですが、生きているので理解されづらい。本人がそういう場で、『自分は虐待を受けてきて、親は生きているけど頼れなくて』という説明を毎回しなくてはならない。それができるのか。アパート以外にも、何かの契約の時とかに、そういう負担が常につきまとう。あと、未成年だったら携帯電話の契約も難しいですよね。施設長が保証人になってくれればいいんですが、実際にそのような制度もありますが、『うちは一切できない』という施設もあります」

施設を退所した人や里親家庭を出た人たちを対象として支援する〈ゆずりは〉だが、現在、支援している人の世代はかなり広く、20代から60代にまでわたるという。その中でも多いのが20代、30

代。また、相談者の3分の1は、施設とはまったく関係ない人たちだというから驚いた。どんな状況で相談が来るのだろうか。

「ずっとネグレクトや暴力を受けてきて、見つからないまま生きてきた方が大人になって、やっとうちと繋がることがある。聞くと、今も実家に住んでいて、今も親から暴力を受けている20～40代の人がいる。虐待件数9万件と言われますけど、施設に保護される子たちは氷山の一角で、保護されずに家庭にいる人たちって実はもっともっといると思います」

そんな支援の現場では、生活保護の申請に同行することも少なくない。親にも家族にも頼れず、虐待のトラウマに苦しみ、精神疾患を抱える人も少なくないからだ。そして今の日本には、そんな人たちが使える制度は生活保護しかない。が、役所では、やはり水際作戦に遭うこともあるという。

「本人が若かったりすると、『障害者手帳ありますか』って聞いてきたり。障害者手帳がないと受けられないと思い込ませるような。あと、『一応生活保護は受けられるけど、就労に向けてまずは福島の除染作業に行かないといけないよ』とか」

今どき、こんな典型的な水際作戦がまかり通っているとは……。もちろん、障害者手帳がなくても生活保護は受けられるし、生活保護を受けるからといって、除染作業にいかなくてはならないなんてことは絶対にない。

ただ、生活保護を受けてすべて解決、というわけではもちろんない。本人は保護を受けたことで「自分は社会のお荷物だ」「生きる価値がない」と自分を責め、リストカットやオーバードーズ（薬物の過剰摂取）が増えるケースもあるという。

「役所のケースワーカーは『早く働けるようになれ』とか言いますが、まずはちゃんとゆっくり休んでいいんだよって伝えたいですね。それで社会復帰できるようにって。でも、社会復帰ってなんだろうと思います。これだけのひどい目に遭ってきたんだから。例えばすごい性虐待を受けてきた子なんかは、もう生きてるだけでいいんだよっていうか。あなたが命を繋いでくれるだけで、本当にそれだけで充分だよって言いたくなる時があります」

彼女の言う通り、生きていてくれるだけで、まずはいいのだ。社会の無関心や制度の不備によって命の危機に晒され続けてきた子どもたち。守られるべき場所で傷つけられ、その後も家族というセーフティネットに頼れないゆえに様々なハンディを背負って生きなければならない彼ら・彼女ら。その上、世の中ではやたらと「家族の絆」が強調されている。様々なメディアに「仲良し親子」の美談が登場し、「家族は大切」といった言葉が喧伝される。そんな環境の中で彼らの心にのしかかる負担を思うと、彼ら彼女らが「生きてくれている」ことがどれほどすごいことなのかと改めて思う。

## 無理。怖い。やりたくない。

さて、最後に高橋さんにどうしても聞いてみたいことがあった。

それはなぜ、この世界に足を踏み入れたのかということだ。問うと、意外な話が彼女の口から飛び出した。

「そんなに志があったわけじゃないんです。もともとは美術の方に行きたくて。その一方で、少年事件にはすごい興味があった。あと、虐待とまではいかないんだけど、父親に暴力を振るわれていた時期が3年間くらいあるんです」

卓球選手を目指していた父親は、高橋さんが小学4年生の時、娘に自分の夢を託したようだ。毎日練習に連れ出され、指導の延長と称してなのか、暴力が始まった。

「私、スポーツが大嫌いで、なのに無理矢理やらされて。そのうえ、父親は卓球の時は鬼のようになるんです。反抗的な態度を取ると土下座して謝るまで許さないとか、他にもめちゃくちゃ暴力振るわれて」

その時、高橋さんは「荒れた」という。人に攻撃的になったり、鳩に石を投げたり。

結局、そんな日々は3年で終わった。卓球をやめることができたのだ。

「父親がある日、ぱたっとやめてくれたんですよね。やっぱり私がおかしくなっていくのがわかったようです。それからは、もう何もなかった。父親もすごい謝罪してくれたし」

そうして、高橋さんの「荒れた」日々も無事に終わった。

「その経験があるからか、力がある人からない人への支配みたいなものがものすごく嫌になったんですよ。男から女へとか、親から子どもへとか、先生から生徒へとか、そういうものに異様に反応するようになっちゃって。あと逆に、親を殺したりっていう少年事件なんかも、『私だったかもしれない』って思うようになりました。実際に人を殺す前に猫を殺していたという少年の話なんかも、鳩に石を投げていた自分と重なったり。もちろん当たらないけど、石投げてスカッとしていたなって思い出したり。少年事件を見ていると、何か家庭とかにやっぱり要因がある場合が多いんじゃないかと思ってしまう。もともと生まれつきの加害者とか、私はいないと思っているから」

この辺りの話、なんだかとてもよくわかる。私もある時期まで少年事件の犯人に異様に感情移入し、「自分だったかもしれない」と思い、追いつめられていた10代の日々を強烈に思い出していたからだ。

そんな高橋さんが進んだのは、ある福祉系の大学。「そこしか受からなかったから」という理由で入学したものの、「一番の落ちこぼれ」だったというから驚きだ。

その大学にいる時に、実習先で行ったのが、のちに9年間働くことになる自立援助ホーム〈あすなろ荘〉。

「行ったらものすごい衝撃というか、こんな状況で生きていかなくちゃいけない子たちがいるんだって。16歳で一生懸命働いてる子もいたし、『はじめてはいた靴下』の彼女もそこで出会った子です。その時に、親にいろいろやられたなんて言っても比じゃないなと思った。でも、安月給で、休みもないし、『クソババア』とか言われるし（笑）、その時は、この仕事はやりたくないと思ったんです。やりたくないというか、無理、怖いって。当時私は24歳だったし、これだけ背負ってる子たちと関われるのかって。だから当時のホーム長に、『すごくこの仕事向いてるからやらないか』って言われた時も、『私にはちょっと無理です』って断りました」

## 〈正しさ〉を手放す

そうして大学を出た彼女は、まったく別の業界に就職。4年ほど働いたが、29歳の時、「やっぱりやりたい」と〈あすなろ荘〉の門を叩いた。

社会的養護の世界に飛び込んでから、14年。日々壮絶な経験をしてきた人々と関わる仕事だ。精神的にキツいことはないのだろうか。そう問うと、高橋さんはけろっとした顔で言った。

「私の場合、全然きちんとしてないというか、真面目じゃないからいいのかもしれない」

というと？

「最低限これはやっちゃいけないってことはあるとしても、正しさを追求しすぎると臨機応変さがなくなる。四角四面の、きちっとこの中に入ってないと支援は受けられないよとか、そうなると相談者の子も『もういいよ』となる。福祉を志してる人たちって、結構ピシッと真面目すぎる人も多いですよね。真面目が常にいいもんじゃないというのはすごく思いますね。押しつけの正しさとかね。だから勉強してこなくてよかったと思ってるんですよね（笑）。知識は後からというか。それより、自分が相談者の立場になった時にどうされたいか、自分だったらこの方が楽だなとか、そういうのはすごく思うかな。どうやってもその人の問題は奪えないわけだから。『この人を幸せにしなきゃ』『この問題を取り除いてあげなきゃ』とか、そういうのはすごい嫌で。その人が抱えている問題を、私たちは分けてはもらえないから。サポートはするけど、その問題を奪わない」

そんな「正しさ」を巡ってよく浮上するのが、性産業の問題だ。

「よく『風俗なんかで働くなんて』って言う人いますよね。たまに養護施設の職員とかから、『自分の施設を出た子が風俗で働いていて、そういう仕事はしてほしくないから〈ゆずりは〉から言ってくれないか』みたいな相談がくるんですよね。

そういう時は、『性産業で働くことが心配だっていうのはわかるけど、じゃあその子が辞めて次の仕事が見つかるまで、家賃や生活費を全部負担してあげるんですか？』って言います。そうすると『えっ？』って。

そういう覚悟もないのに、別に法に触れてるわけじゃないんだから、人の職業の非難だけをするなんて失礼だし、その子はそれで食べてるわけだから『辞めなさい』みたいな支援はしたくない。支援者とか関わっている人たちによく言うのは、自分の価値観や正しさを一度手放してほしいということです。そうじゃないと、すぐに説教や指導を始めてしまう。『これだからあなたはうまくいかないのよ』みたいな。それでものすごく相手を傷つけていることに気づいていない。

私たちがやれるとしたら、辞めるという選択肢もあるよ、と示すくらい。自分にはこれしか食い扶持がないと思ってる子もいるから、他にもあるんだよ、例えばこういう給付金を受けるとか、介護の資格を取ったり保育士の資格を取ったり、無料で学校に行くこともできるんだよ、とか。実際に性産業を辞めた子が看護学校に行ったとか知っているケースの話をして、『あなたがこの仕事を辞めたいとか、危険を感じたりしたらいつでも連絡をちょうだいね』っていう選択肢を提案する。そんな種まきくらいはしてもいいけど、『辞めなさい』なんてね。心配の押し売りですよね」

「心配の押し売り」という言葉が、あとあとまで耳に残った。

そうして日々種まきをしていたことで、風俗を辞める決意をした子から連絡が来たこともあるという。その際は「辞めるんだったら何十万円払え」と店側からその子が脅されたので、弁護士とともに解決したそうだ。

「私たちができることって、本当に微々たることっていう、その自覚がないと。『この子の人生変えてあげる』なんて、そういうのは嫌ですね。できることなんてほんのわずかでも、やっぱり『こういう場所があって良かった』『この人に会えて良かった』とか、少しでも思ってもらえるならやっていきたいです」

現在、〈ゆずりは〉では生活のサポート、住居のサポート、スキルアップ・就労のサポート、高卒認定試験と進学への取り組みなどを行っている。また、就労支援の一環としてジャムなどを作る〈ゆずりは工房〉も開設。ジャムを作って販売をし、働いている人にはお給料も出るという仕組みだ。

運営は、3年目からは「退所者支援」として東京都からの委託事業という形になり、わずかだが税金が投入されているという。それ以外は助成金などで賄っているそうだ。

高橋さんの話を聞いて、「こういう人がこの現場にいてくれてよかった」と心から思った。一番いいのは、「正しさ」を疑う姿勢だ。

みずからの正しさを疑わない人は、怖い。なぜなら、正しさは時に人を傷つけ、追いつめるからだ。正しさや正義の大義名分があれば、人間はどんなにひどいことだってできてしまう。これまで、「正義」の名のもとに、戦争や虐殺でどれほどの命が奪われてきただろう。突き詰めると、人は「正しさ」で人を殺してしまうことだってできるのだ。

正しい、正しくないじゃなく、目の前にいる誰かの気持ちに寄り添うこと。

彼女と話していると、取材という形なのに、なんだかとても安らいでいる自分がいた。彼女にならなんだって話せるような、話していいような、味方でいてくれるような、そんな空気感があるのだ。

虐待件数は、増加の一途を辿っている。

今も多くの子どもたちが苦しみ、そして施設を退所した人々も様々な困難の中にいる。

親たちの抱える問題もある。

自分に何ができるのか、改めて、大きな課題を貰った気分だ。

（参考）

●ゆずりはホームページ「アフターケア相談所ゆずりは」：http://www.acyuzuriha.com

●ゆずりはFacebookページ「アフターケア相談所　ゆずりは」：https://www.facebook.com/acyuzuriha/

# 3 介護離職から路上へ、そして路上から支援者へ

## ——親の介護から人生が一変して

本章では、ご両親の介護をきっかけに某大手百貨店を退職し、そのあと様々な不運を重ねていらしたものの、なんとか命を繋いでこられた男性にお話を伺った。

親の介護という事態を迎えた時、介護者の年齢は。そしてその時、仕事は、自身の生活は、体調はどうだろうか。高齢化の時代、そして非正規率と未婚率の更なる上昇が予測されるこの時代、本章のテーマを他人事と思える人が、どれだけいるのだろう。

現在、介護を理由とする退職者は年間10万人にのぼるという。厚生労働省のホームページ中のアドバイスによるまでもなく、介護の基盤は「経済力」である。しかし、介護は突発的な事態がまま生じ、またその期間も予想がつかない。仕事との両立は、育児同様、難しいということだ。たまたま運よく正規社員であり、会社に介護休暇という制度があったとしても、「人に迷惑をかける」という思いで、それを十分に利用できないまま退職してしまう人も多いと聞く。

## 「生活保護受給者」バッシング——高野さんとの出会い

2009年8月、高野昭博さん（61歳）は母親の遺骨と少しの衣類を持ち、飼い猫・チビを抱えて長年住んでいたアパートを出た。家賃を滞納し、この時点で全財産は1万5000円。向かった先は、近くの公園。

54歳だった彼が「ホームレス」になった瞬間だった。

私が高野さんと出会ったのは、今から5年ほど前だろうか。

生活保護への誤解を改める主旨の集会だった。

当時、生活保護は「過去最高」の200万人を突破し、同時にバッシングの気運が高まっている頃だった。不正受給が多い、働けるのに怠けている等々。実際は、不正受給は2パーセント以下。そして生活保護を受けている人の約8割を高齢者世帯および障害・傷病世帯が占めるので、「働けるのに怠けている」は事実に反する。が、メディアはそんな基礎的なデータもなかなか報じず、ネット上には生活保護受給者に対する心ない言葉が溢れてもいた（今もそうだが）。

そんな中、高野さんは現役の「生活保護受給者」として集会で発言。メディアに顔も名前も晒してみずからの経験を語った。

百貨店に正社員として勤務していたものの、親の介護で仕事を辞めたこと。親を看取った後、路上生活になったこと。そこから脱却し、生活保護を受けていること。そんなことを訥々と語った彼とは、以来、生活保護や貧困問題を巡る集会で顔を合わせるようになった。

そうして気がつけば、彼は「生活保護受給者」ではなく、路上生活などを強いられる生活困窮者の支援者になっていた。住んでいる埼玉の地で多くのホームレス状態の人に声をかけ、生活保護に繋ぐなどし、その後も細やかな支援をする。

当事者から、支援者へ。そして現在は、「支援」を仕事にしている。

今や現場に欠かせない貴重な「戦力」となった彼に、お話を伺った。

## 母の脳梗塞、父の喉頭がん

高野さんが生まれたのは東京だが、子どもの頃に埼玉に越して以降、ずっと埼玉で暮らしている。

そんな高野さんが高校卒業後に就職したのは、誰もが知る大手百貨店。都心にあるその百貨店の食料品部門に配属され、退職するまでの26年間、働いた。物産展やフェアなどの企画も手がけていたという話からは、充実した仕事ぶりがうかがえる。社会人になって付き合った女性は何人かいたものの、結婚には至らなかったという。

そんな高野さんに転機が訪れたのは30代後半。両親と兄の4人暮らしだったのだが、母親が軽い脳梗塞を起こしてしまったのだ。もともと身体が強い方ではなかったという母親の右半身には麻痺が残り、言語障害も伴う。そんな母親の面倒を見たのは、座椅子職人だった父親。

「私は会社に朝8時前に入って、毎日夜12時過ぎくらいまで働いてましたから。だから本当に寝に帰るだけですよね。その後、親父が定年になってずっと家にいるようになって、お袋の面倒を見てくれていたんですけど、どうも親父の様子がおかしいということに気がついた。食が細くなって、咳き込むようになったんです」

病院に行くと、喉頭ガンが発覚。しかもかなり進行しており、即、入院。生存率50パーセントの手術は無事成功し、声帯をとったものの病気は快方に向かっていった。しかし、高野さん一人に入院中の父親の世話と自宅にいる母親の世話、そして仕事がのしかかる。兄はすでに家を出ていて、その後ほとんど家に寄りつかず、連絡も途絶えがちだった。

「入院中の父親の身の回りのことをして、家に帰ったら母親に食事を作って。親父が入院した時に会社の上司に相談したんですよ。定休日と、ほとんど取れなかった公休日をとって病院に行きたいと。それで週に2日は病院、4日は出勤みたいな割合でやってたんですけど、日が経つにつれ、だんだんそれが逆転していっちゃって……」

## 休職、退職、そして父の死

そうして高野さんは「休職願」を出す。44歳。役職は課長になっていた。

「休職してからも、週に1、2度は会社に顔を出すわけですよ。そうすると雰囲気が違う。もう、自分のデスクは隅っこの方に行ってるし、最終的にはなくなってました。でも、介護はエンドレスなので、休職期間が『いつまで?』と言われても『わかりません』としか答えられない」

結局、休職してから半年で、高野さんは退職することになる。

「その当時、うちの会社は社員を2000人減らすということで自由退職者を募っていたんですよ。デスクもなくなって居づらい雰囲気になっているのと、このまま無理してぶら下がっていてもいいのかな、みたいな思いもありました。でも何より、自分の中で後悔したくないという気持ちが圧倒的に強かった。思えば、子どもの頃から両親に怒られた記憶がないんです。なんでも自由にやらせてくれた。そういうのがあったので、自分の中で、親父が生きるか死ぬかわからないって時に後悔したくなかった。それに当時は貯金もあったし、余裕があったから」

ちなみに休職期間中には給料の6割が支払われていたのだが、その額は40万円。さすが大手百貨店である。

そうして2000年、高野さんは退職。が、退職してわずか2週間で父親は他界。

「その時は魂が抜けた状態で、ポカーンとなっちゃって……。でも、それまで介護はエンドレスだったので仕事を探せなかったわけですよね。それでまず仕事を見つけてやろうと」

そんな頃、百貨店時代に縁があったスポーツ用品店の社長が声をかけてくれた。仕事内容は、スキー用品の仕入れ。スキー指導員の資格を持っている高野さんにはうってつけの仕事だ。そこでは5年間働くものの、経営が傾いてしまう。

「人員削減を始めたんですよ。年配の人から切っていってね。僕は社長の傍にいたから来なかったんだけど、最後まで残っちゃってね。若い人たちから『なんであいつだけ残ってるんだ』っていうのもあったけど、結局、自分で判断して辞めちゃうわけですね。人を切る大変さを見ていたこともあって、『今回は身を引かせて頂きます』って」

父親が亡くなった時点で、葬儀代と墓代で850万円使っていた。が、まだ貯金は1千万近く残っていたという。しかし、スポーツ用品店を辞めてからは、とにかく仕事が見つからない。年齢は、50歳になっていた。

「ハローワークで検索すると、年齢不問とか書いてあるんですけど、実際電話をかけると35歳までとか40歳までとかで、書類がどうのこうのっていう以前に落とされちゃうんですよ。結局、能力なんかに関係なく、年齢で落とされちゃうんだなって」

仕事が決まらず焦っていた頃に偶然会ったのが、高校時代の友人だった。仕事を探していると言うと、「うちでトラックの運転手をやらないか」という誘い。高野さんはすぐその話に乗る。

そうして05年、高野さんはトラック運転手となった。

「埼玉の川口の工場と、千葉の野田の工場を行き来する定期便です。1日2～3往復して、1往復いくらみたいな。品物は鉄の歯車で、重いんですよ。フォークリフトで自分で積んで、自分で降ろして、戻ってきてまた自分で積んで降ろして。その繰り返しですね」

年収は200万円ほど。そんな会社で給料が遅れ始めたのは、仕事を始めて1年半経った頃だった。月末締めの10日払いだったのが、15日になり、20日になり、1か月も遅れるようになっていく。転職を考えるが、日中は働いているのでハローワークに行くこともできない。「これは駄目だ」と思い始めた頃、別の友人が声をかけてくれた。やはり川口にあるオートレース場の売店で働かないかという話だった。高野さんはその話に乗り、働き始める。オートレースは毎日開催されるわけではないので、レースがない日は運転手の仕事を回してもらった。貯金を少しずつ切り崩しながらやりくりする日々。そんな頃、母親が訪問販売にひっかかってしまう。それも、何度も。

「仕事に行ってる間は母親が家に一人なので、訪問販売が来たら、判子押しちゃうんですよ。80万円の布団とか、ネックレスとかね。おふくろも年金ありましたけど、ひと月に何回もやられちゃうんで、貯金が減るのも早かったですね。今思うと、多少認知症が入っていたと思います。最後の方は徘徊もしてましたし。そんなことがあって、多い時でひと月100万円を超えていた。クーリング・オフもできない状況になってたんですよ。なんとか阻止しなきゃって判子を取り上げたんですけど、こっちがかなわないですよね。いくら働いてもね。それでも、当時はちゃんと家賃も払えていたし、公共料金も税金も滞納しないで払えていたんですよ」

そうして売店の仕事を始めて1年後、母親が他界。朝、ご飯を食べさせようと起こしに行くと、冷たくなっていたという。葬式は、200万円ほどで出すことができた。しかし、その時点で本当に貯金が底をついてしまった。母親の遺骨を納骨するお金もないので仕方なく自宅に安置した。

## 全財産は1万5000円と寝袋、母の遺骨と猫のチビ

母親の死後も、高野さんは売店での仕事を続ける。しかし、ただでさえ収入は低い上に貯金はゼロ。生活は更に苦しくなっていく。そうして1年が経った頃、またしても給料が支払われない事態が発生。未払いが3か月分溜まった頃、直談判しようと社長の家に行くと、そこはもぬけの殻だった。夜逃げしていたのだ。

「その瞬間、頭が真っ白になっちゃって。これから俺はどうするんだって。でも、そうは言ってられないからハローワークに行くんですよ。だけど、なかなか仕事は見つからない。そのうちに大家から、『家賃を滞納しているから鍵を変える。出ていってくれ』って言われて」

今思えば、その時点で「生活保護を受ける」という方法があった。そうすれば、路上にまで行くことはなかった。しかし、多くの人は働いている自分が生活保護の対象になるなど思ってもいない。結局、大家さんに「家具などを全部出してから出ていけ」と言われた高野さんは、3日がかりで大家さんから指定されたアパート裏の敷地に荷物を出す。そうして09年8月11日、母親の遺骨と少しの衣類、寝袋を持ち、猫のチビを抱えて長年親子で住んでいたアパートを出た。その時の全財産は1万5000円。

高野さんが向かったのは、川口駅の西口にある大きな公園だった。以前から、そこに多くのホームレス状態の人たちが住んでいることは知っていた。

「どこに行ったらいいかわからないけど、そこに行けば寝られるかな、みたいなね」

そうして高野さんは、ひっそりと公園の住民になる。

「同じホームレスの人でも、お互い言葉を交わしたりはしないです。寝たのは、公園のベンチ。1個だけ日除けがないのがあったんですよ。木に囲まれた目立たないところだったので、天気のいい日はそこで寝ました。雨が降ると、西口と東口を繋ぐ地下道で寝ました。両サイドが遊歩道になっていて、僕が行った時にはすでに両側に十数名ずついました。それで、だんだん寒くなってくるから、地下道で寝る比率が高くなってくる。1万5000円はすぐになくなりました。猫にも食べさせないといけないし」

チビは寝る時は自分の寝袋に入れ、日中は紐で繋いでずっと一緒にいたという。

そんなある日、高野さんはホームレス状態の人からお弁当を貰う。

「1回も口を利いたことのない人が、ポンッとお弁当をくれたんですよ。聞いたら、コンビニの賞味期限切れのを夜中に取りに行ったと。これを近くのスーパーのレンジでチンして温めれば食えるからって。それから、自分もその人と一緒に弁当を取りに行くようになって。でも、同じ目的を持った人が当時はたくさんいたので、奪い合いになっちゃうんですよ」

２００９年といえばリーマンショックの翌年だ。〈年越し派遣村〉で明けたこの年、路上で生活する人は目に見えて増えていた。

「そこのコンビニは、我々が取りに行くことを承知で出してくれてました。だから、多い時は一人10個くらいになることもあった。あと、毎週日曜日の朝には、教会の人がお弁当を持ってきてくれたりね。それだけじゃなく、今で言う貧困ビジネスの施設の人たちも来ました」

## 〈貧困ビジネス〉が迫ってくる

「貧困ビジネスの施設」とは、悪質な無料低額宿泊所のことだ。ホームレス状態の人に生活保護を受けさせ、保護費をピンハネする。住環境は劣悪で、仕切りで区切った一人あたり2〜3畳ほどの部屋に押し込められる。とりあえず路上で餓死することはないが、家賃や食費などの名目で保護費を多く取られてしまうので、就職活動もままならない。埼玉にはそんな施設がいくつもあり、中には数百人を抱えるところもあるそうだ。

「朝の4時くらいに、ネクタイをしたサラリーマン風の二人組が来て、生活保護を受けないかって誘いにくるんですよ。『寝るところあるよ』『食べるものあるよ』って。そういう人についていくと、二度と出て来られないって噂が立ってたので、ついていくことはなかったです。その時間帯が過ぎると、6時半くらいからは手配師が来るんですよ。『働かないか』って。僕はそこにも行かなかったです。行った人からは、『1日働いて2000円くらいしか貰えなかった』って話も聞いていたので。それに、猫もいるし」

高野さんの話を聞きながら、「貧しい人を食い物にする貧困ビジネス」の熱心な勧誘に驚いた。朝早くから声かけなどの「営業」をするほど「儲かる」のだろう。一人あたりひと月に数万円程度の保護費のピンハネでも、100人もいればすごい額になる。

しかし、ある日、高野さんはそれまでとは印象の違う人たちに声をかけられる。彼に声をかけたのは、生活困窮者を支援する〈反貧困ネットワーク埼玉〉のメンバーたちだった。そしてその奇跡的な出会いが、高野さんを路上から救い出す。

「男性二人に『こんにちは、大丈夫ですか』って声をかけられたんですけど、逃げたんですよ俺（笑）」

路上にいる自分に声をかけてくる＝貧困ビジネスの人、という意識が高野さんの中に根強くあった。

「西口の公園から東口に逃げて。東口側にも大きな公園があるんだけど、そこにもまた同じような人がいるわけですよ。貧困ビジネスの人なのかどうなのか、自分はそれを判断できない。そうしたら、今度は女性三人組が声をかけてきたんですよ。それで『あれ？　ちょっと違うぞ』と」

## 路上から生活保護申請、そしてアパートに

そうして高野さんは、〈反貧困ネットワーク埼玉〉の人たちの話を聞いてみることにした。その時に初めて、具体的な生活保護制度のことや、自分が保護の対象になるということも知ったという。

「それでも半信半疑です。税金滞納してるし。そういうのを追求されるんじゃないかと思ったり。そんなことを言うと、『今ここに弁護士さんがいるからお話を聞いてみませんか』ということになって」

〈反貧困ネットワーク埼玉〉では、弁護士も夜回りに同行するのだから素晴らしい。

「そうしたら、『明日、市役所の福祉課の前に朝10時に来てください』って言われたんです。それでも自分はまだ半信半疑ですね。それで、一人で行くのが嫌だったので、今まで一言も口を聞いたことのないホームレス状態の人たちに自分から『こういうのがあるんだけど行ってみない？』って声かけて、結局、次の日、10人くらいで行ったんです」

そうして翌日、生活保護の集団申請が行われた。ちなみに「ホームレスだと生活保護が受けられない」という間違った認識はいまだにあるが、そんなことはない。住所がなくても生活保護は当たり前に受けられる。

さて、高野さんたちの集団申請はどのように進んだのだろう。

「一人一人役所の人と面談して、いろんなこと聞かれて……。それで、誰かが面談してる間、他の人たちは待合室で待ってるんですよ。そうしたらそこに、不動産屋が来ていたんです」

生活保護を受けるにあたっては、住む場所を見つけなければならない。が、生活保護では家賃の上限が決まっている。ということで、生活保護でも入れる物件を紹介してくれる不動産屋を〈反貧困ネットワーク埼玉〉がわざわざ呼んでくれていたのだ。素晴らしく迅速な仕事ぶりである。

「それで待っている間に、不動産屋が間取り図を見せてくれて、『この中から好きなのをどうぞ』と。でも、自分は猫がいるじゃないですか。それが心配だったんですけど、その情報もちゃんと伝わっていて、ペット可の物件も探してくれていたんです」

前日の深夜に出会い、朝10時にこのセッティング。〈反貧困ネットワーク埼玉〉、まさに神対応だ。半信半疑だった高野さんの中に、「この生活から脱出できるかも」という実感がどんどん膨らんでいく。その上、役所からはその日、1万5000円が渡された。生活保護を申請した時点で所持金がない場合、数日分の食費などが渡されるのである。

さて、それからどうなったのかというと、「路上待機」である。「アパートに入れるかも！」というテンションになってからの路上での待機。その間の高野さんの気持ちを思うと、なんだか「生殺し」というか、身悶えしたくなってくる。

しかし、路上待機は4日で終わった。役所で生活保護を申請してから4日後、高野さんは無事にアパートに入居。09年11月20日のことだった。8月11日にアパートを出てから、3か月以上が経っていた。高野さんは当時の喜びを噛み締めるように言った。

「部屋には何もないけれど、安全は確保されるし、エアコンもあって暖房も効いている。本当に、また元に戻れるんだって。『次の命を貰った』みたいなね。だって、ホームレスだった時、俺の目の前で何人が死んだか」

高野さんの表情が曇った。

「自分の目の前で、いきなり血をバーッと吐いて倒れて亡くなった人もいるし、電車に飛び込んだ人もいます。駅のホームをぼんやり見ていたら、大きな荷物を持った、どう見てもホームレス状態の女性がいて。電車が来たら乗るじゃないですか。でも、乗らないんですよ。で、見ていたら、飛び込んじゃった。全部見ちゃったわけですよね。その時が一番堪えましたね。いつか自分もこうなっちゃうのかみたいなね……。足がガクガク震えちゃって。それなのに、周りにいるサラリーマンたちが『電車止めやがって』って大きい声で言ってるんですよ。そこで命が一つなくなってるのに」

## チビの死と、原因不明の身体の痛み

ホームレス時代の高野さんも、「生きられる」リアリティを失った時期があったという。

「11月にもなると、夜中、メチャクチャ寒いわけですよ。寒すぎて寝られないから、皆さんどうしているかというと、街を夜じゅう歩き回って、昼間は図書館とかで仮眠をとるみたいな。でも俺、猫がいるからどこにも入れないんですよ。だからずっと公園のベンチで座ってて。携帯ラジオだけ持ってたので、天気だけ聞いてましたね。そのラジオのコマーシャルで、何月何日にこういう催しがあるよって流れたりするじゃないですか。そういうの聞くたびに、自分はそこまで生きられるのかなとか、そんなことばっかり思ってました」

そんな高野さんが無事に入ったアパート。共に3か月以上の路上生活を耐え抜いた同志である猫のチビも、それは嬉しそうだったという。

「安心しきったのか、すごい甘えてきましたね」

しかし、チビはアパートに入って1か月も経たないうちに病気で亡くなってしまう。

「糖尿病でした。気づいた時には手遅れで。病院に連れていったんですが、まだ生活保護の決定が下りる前だったからお金がない。事情を話して、支払いは後にしてもらいました」

酸素ボンベをつけながら治療に耐えたチビは、病院で亡くなった。

部屋に入ってからは、高野さんも原因不明の症状に悩まされた。

「入居後1か月くらいの時、左半身の痛みが出ました。首も曲がらなくなって、手も上がらなくなって。病院に行っても原因不明。それが3か月くらい続きましたね」

3か月以上に渡る路上での生活は、おそらく本人が思うよりも身体を蝕んでいたのだろう。路上では決して病気になれないと気を張っている分、部屋に入って安心したら一気に心身の不調が出たという話は耳にしたことがある。チビもそうだったのかもしれない。

## 支援者デビュー

さて、生活保護の申請をしてから約1か月後、無事に保護が決定する。しかし、高野さんには気になることがあった。それは、まだ路上にいる人々。

「自分はアパートに入ったけれど、周りにはまだいっぱいいたから、その人たちに声をかけようと思って。まぁ、感謝という気持ちもありましたね。それが自分が支援活動を始めた最初です。まずは大宮にいた9人くらいを〈反貧困ネットワーク埼玉〉に紹介して生活保護に繋げて。あと、川口に20代の娘さんとその母親がホームレス状態になっていたので、なんとか正月は屋根のあるところで、って年末に役所に連れて保護に繋げたり。自転車でいろんなとこを回って『あそこにこういう人がいる』ってチェックして、みんなで夜回り行ったりとか」

完全に活動家である。そんな活動をしながらも、ハローワークに行って仕事探しもしていた。しかし、やはり「年齢の壁」は厚い。生活保護のケースワーカーは、「○○日までに仕事を探さないと生活保護を切る」という突き上げもしてくる。

そんな時、高野さんの支援で路上を脱出した男性が、せっかく手に入れた部屋を飛び出してしまう。理由は、あるケースワーカーからの「早く仕事に就け」という、脅しにも似た「厳しい就労指導」だった。

「悩んで飛び出してしまって。でも、その後戻ってきたんですよね。少し雰囲気が明るくなって。ただ、今考えるとそれが危険だった。それでまたいなくなって、1週間後に警察から『こういう人を知ってるか』という電話がありました。着信履歴からかけてきたそうです。『知ってます』と言うと、『荒川で首を吊っていました』って」

彼だけでなく、支援を続ける中で、高野さんは多くの人の死にも向き合ってきた。

2012年、芸人の親の生活保護受給をきっかけに生活保護バッシングの嵐が吹き荒れた際にも、高野さんの周りで一つの命が失われた。生活保護を受けていた女性だった。当時、自民党の片山さつき氏などが「生活保護を恥と思っていないことが問題」などと繰り返し、バッシングに便乗した一部テレビ番組の中には、「生活保護受給者の監視」を呼びかけるものまであった。

「彼女は『怖くて買い物にも行けない』『外に出られないから買い物に行ってほしい』と言ってました」

そうして、みずから命を絶ってしまったのだ。あのバッシングの際には、私のもとにも多くの受給者から切実な声が寄せられた。「死ね、と言われている気がする」「社会のお荷物で、生きていることを否定されている気がする」等々。バッシングは、こうして実際に人の命を奪っている。しかし、この国のほとんどの人、そして心ない報道をしたメディア、政治家は、そんなことなど知りもしないだろう。

また、高野さん自身が路上で声をかけ、生活保護に繋げた42歳の女性の遺体の「第一発見者」になったこともある。

「夜回りしていたら、その人はまさに俺が寝ていたところにいたんですよ。それで、女性だから危険だということですぐに生活保護に繋いだんです。すごく真面目な女性で、保護を受けた後も、支援活動を手伝ってくれていました。でも、突然ひきこもるようになってしまって。躁鬱になってしまったんですね。ケースワーカーには『人に会いたくない』『表に出たくない』って言ってたらしいんですけど、俺が電話すると明るいんですよ。だからあまり心配してなかったんだけど、ある日ケースワーカーから俺に電話がかかってきて、『今月、保護費を取りに来ていない』と。何回電話しても出ないし、行っても出てこない。最後の手段でケースワーカーと不動産屋とお巡りさん呼んで。でも、鍵は開けたけどチェーンロックがかかってたのでレスキューも呼んで、チェーンを切って入った。それで警察がベッドまで行って顔を見た瞬間、『はい、ストップ』って。亡くなってました。あとでわかったけど、薬とかを飲んでたわけじゃない。いわゆる餓死状態です」

検死の結果、死後1週間から1か月ということがわかったという。

「一番ショックだったのは、窓とか扉とかに、全部ガムテープで目張りがしてあったんです。ああ、もうこれは社会と断絶したかったんだなって思って。自分は自死だと思ってます。生活保護受けてから精神障害になる人がすごく多いんですよ。ホームレスだった人が、安全と部屋と食べ物が確保されても、やっぱり一人なんですよね。みんな、承認の部分で躓いている。だいたい、孤独死や自死が起きるのって、生活保護受けてから2~3年なんですね。これはもう確実に言えます。1年目は頑張るんですよ。2年目になると自問自答が始まって、3年目が分かれ目ですね」

## 「気にかけてくれている」人の存在

そんなことがあって高野さんが必要性を強く感じたのが、当事者たちが集まって喋ったり一緒に食事をしたりできる場だ。現在、月に一度集まって喋ったり食べたりする〈つながりカフェ〉を開催。当事者30人ほどが集まり、生活上の相談をしたりゲームをしたり、医療関係者が来る時には健康相談にも乗ってもらえる。当事者それぞれに役割があり、責任がある集まりだ。そんな〈つながりカフェ〉に関わる中で、変わっていった人もいるという。

「親と一緒にホームレス状態だった20代の女の子は、生活保護を受けた後もなかなか目標がなくて自暴自棄だったりしたんです。でも、当事者の集まりで司会をしてもらったり、いろんなことをやってもらったら、どこかでスイッチが入ったんでしょうね。自己肯定感も欲も何もなかったのが、目標を持ち始めた。それで仕事を見つけたんです。今、彼女は生活保護を抜けて自立しています」

彼女は、高野さんがすでに生活保護を脱却していることを知っていた。身近なモデルほど、近い未来を具体的に描ける存在はないだろう。

さて、それでは高野さんはどういう経緯を辿って生活保護を脱却したのか。

年齢が壁となってなかなか見つからなかった仕事。それだけではない。一度など、面接までこぎつけ、採用がほぼ確定となったのに断られてしまった。理由は、高野さんが正直に生活保護を受給中だと告げたこと。

「人の金で飯食ってる奴は、うちでは雇えない」と言われたという。

「悔しいというか、自分が情けなくなっちゃって……」

なかなか仕事が見つからない中、起きたのが2011年3月11日の東日本大震災。高野さんがまずやったのは、自分が関わる生活保護受給者に電話をかけること。100人以上にかけたという。

ここで思い出してほしい。3・11直後、あなたには何人の人から電話があっただろうか。被災地かそれ以外かにもよると思うが、東京に住む私のもとには家族から電話があった。当日、岩手に行く予定がキャンセルになっていたため、出版社からの安否を確認する連絡もあった。それ以外にも、東京で水などの物資が少ない状況を心配し、何か送ろうかとメールしてくれた関西の知人もいた。

しかし、あの時、誰からも一本の電話も入らない人がいたことも事実だ。高野さんが関わる生活保護受給者の中には、家族との縁も切れ、友人もなく、自分を気にかけてくれる人の不在に孤独を深めた人もいる。たかが電話。されど電話。高野さんの一本の電話を、みんな喜んでくれたという。

「やっぱり、電話とか、あとハガキが届くこととかも嬉しいんですよ。自分の存在がそこにあるってことをわかってくれてる人がいるだけでね」

## 「生保」卒業から支援者へ、そして

さて、震災後、高野さんがしたのはそれだけではない。当時、さいたまスーパーアリーナは、原発事故被災者の避難所となっていた。〈反貧困ネットワーク埼玉〉は、そこでボランティアで相談業務をすることを決定。同ネットワークの弁護士に「手伝ってくれ」と言われて、高野さんも相談業務に加わる。これほど「戦力」となる元当事者がいるだろうか。

そうしてさいたまスーパーアリーナに通い、そこにいた人々が違う施設に移ってからも相談業務を続けた。完全にボランティアで、往復交通費２０００円は自腹。限られた生活保護費の中、やりくりしながら被災者の支援を続けたのだ。

そうしているうちに、震災支援をしているＮＰＯに助成金が下りるようになる。このことによって、高野さんは月10万円の収入を得るようになった。このような場合、生活保護費は収入分に応じて減額される。そんな被災者支援が、高野さんの今の仕事に繋がった。スキルを買われて、相談業務を専門とする団体の職員に採用されたのだ。福島の助成金と合わせて収入は24～25万円に。そうして12年7月、高野さんは、生活保護を卒業した。生活保護の利用は2年と7か月。現在は、震災後の助成金はなくなったものの、生活困窮者を支援するＮＰＯのスタッフとしての収入も得ている。

現在は日々、相談を受け、時に生活保護の申請に同行したり、病院の通院に繋げたり、ＤＶで逃げてきた女性をシェルターに繋いだりと、八面六臂の活躍だ。

「おかげで随分、いろんな制度のこと覚えましたよ。社会福祉士の資格は持ってないけど、周りがそういう資格を持ってる人たちばかりなので」

介護離職をきっかけに路上に行き、そして支援を受けたことでみずからが今、貴重な社会資源となっている高野さん。やはり、活動を続ける動機は「感謝」なのだろうか。

「最初は感謝の気持ちだったんですけど、今はあんまりそう考えてなくて、やっぱり『世の中はおかしい』って思ってる。制度も含めてね。制度って、ものすごくあるんですよ。ただ、それを知らない。あくまでも申請、こちらから行かなくちゃいけない。まずそこからおかしいですよね。これだけ使える制度があるのに、なんでそこに結びつかないのかって。やっぱり自分を守るのは情報ですよ。自分が知ることによって、周りを助けることもできる。俺はたまたま介護離職がきっかけだったけど、誰しも可能性があることじゃないかと思ってます」

最後に、高野さんはやっぱり「感謝」の思いを語った。

「周りの弁護士の先生たちにも言ってるんですけど、自分はすごく恵まれているんですよ。弁護士の先生たちがちゃんと先を考えて、道筋を考えてくれたから、ここまで来られたと思うんですよ。それと、生活保護を受けている間も、いろいろと動く場があった。だから精神的に折れないで来られたのかなと思います」

父親を見送り、母親を見送り、猫のチビも見送った高野さん。親の介護によって離職したわけだが、高野さんが親を語る時の口調は常に優しいのが印象的だった。そして、自分が大変なのに、飼い猫を決して手放さなかった高野さん。

底抜けに優しい高野さんのような人が、損をしてしまったりバカを見る社会は嫌だ。見捨てられる社会は嫌だ。

高野さんの話を聞きながら、私はある光景を思い出していた。

それは〈年越し派遣村〉の翌年の年末年始。ホームレス状態にある人々の支援の現場での光景だ。新宿の公園に作られた相談ブースには、様々な人が訪れた。派遣切りで寮を追い出され、3日間、何も食べていないという倒れそうな男性。親の虐待の果てに家を飛び出し、12月の新宿で野宿を強いられている20代の女性。

その中に、猫を連れた若いカップルがいた。それまで住んでいた場所を失い、カップルでホームレスとなっていた二人は、猫のケージをカートに積んで運んでいた。不安そうなカップルと、やはり不安そうな猫。猫を連れての路上生活は、どれほど大変だっただろう。それでも、二人は猫を手放さなかったのだ。彼らは相談会に来たことにより、無事、支援に繋がった。

今も時々、あのカップルと猫を思い出す。途方に暮れたような二人の目を思い出す。あの二人と猫が、幸せでありますように。2匹の猫と暮らす身として、心から思う。小さな命が見捨てられない社会は、きっと誰にとっても居心地のいい社会だと思うのだ。

# 4

# 「生き残ったのが、父じゃなくて私で良かった」

## ——〈利根川一家心中事件〉裁判傍聴で明らかになったこと

2015年11月21日。親子3人が利根川に車で突っ込み、父親と母親が死亡。長年、母親を献身的に介護してきた三女のみが一命をとりとめた「利根川一家心中事件」を覚えている方も多いのではないだろうか。

この事件の裁判は、2016年6月20日、21日の2日間、さいたま地方裁判所で行われ、判決は翌々日の23日に出るという裁判員裁判だった。罪状は殺人と自殺幇助。

筆者は事件当時からその背景に注目し、両日ともに傍聴に出かけたが、本章ではその一部始終を紹介したい。

## 生活保護申請から「あの日」まで

「あっちゃん、三人で一緒に死んでくれるか。お母さん置いてくと可哀想だから」

74歳の父親の言葉に、47歳の娘は即答した。

「いいよ」

いつもの夕食時だった。二人の傍らには、認知症で何もわからなくなった81歳の母がコタツに入っていた。

それから3日後、一家を乗せた車は冬の利根川に突っ込んだ。

2015年11月21日に起きた、あまりにも悲しい事件。

一家心中の結末はというと、父親と母親は死亡。二人の三女である47歳の彰子被告（仮名）だけが一命をとりとめた。

心中の翌朝、川辺で低体温症の状態で発見された彼女は救急車で病院に搬送されたのち、母親に対する殺人と父親に対する自殺幇助の罪で逮捕された。

ここで、心中に至るまでの経緯を振り返りたい。

親子が暮らしていたのは、埼玉県深谷市の家賃3万3000円の借家。彰子被告の2人の姉は、すでに家を出ていた。姉妹が幼い頃、父親はギャンブルで借金を作り、蒸発していたこともあるという。が、戻ってからは真面目に働いていたようだ。事件直前までしていた仕事は新聞配達。彰子被告はというと、社会人となってからはいくつか職を変えていたようである。

そんな親子の生活は、01年、母親がクモ膜下出血で倒れ、身体が不自由になった頃から少しずつ綻び始めていたのかもしれない。

03年にはその母親が認知症、パーキンソン病と診断される。彰子被告は事件の3年前にあたる2012年以降、仕事をやめて介護に専念する日々を送ることになる。報道を追っていくと、彼女がいかに献身的に母親の介護をしていたかを伝えるものが圧倒的に多い。朝から晩まで食事やトイレの世話に追われつつも、優しく接していたという被告。母親は大きな声を出すこともあったが、彼女が声を荒げることはなかったという。

そんな三人での生活に本格的に翳りが見え始めるのは、15年9月頃、唯一の稼ぎ手である父親が、頸椎圧迫で体調を崩してからだ。

手足の痺れを訴え、新聞配達に時間がかかるようになる。一家に年金収入はなく、貯金もなかった。11月2日、彰子被告は「生活が苦しくなりそうなので、参考に生活保護制度などについて聞きたい」と役所を訪れる。役所は聞き取りをし、「母親への介護サービスの提供が早急に必要」と判断して介護サービスの窓口に案内している。彰子被告はこの日のうちに介護認定についての手続きをとった。

11月10日、父親の給料が入る。役所や報道によるとその額は「20万円弱」。

11月12日、父親が新聞配達の仕事を辞める。退職金はなし。同日、母親の介護認定についての訪問調査が行われる。

11月17日、彰子被告は再び役所を訪れ、生活保護の申請をする。この時点で父親が11月28日に入院し、手術を受けることが決まっていた。入院期間は約1か月。その後もリハビリ通院が必要と言われたという。彰子被告はこの日、「今は母から目が離せない状況なので働くのは難しいが、父親の病状回復の状況次第では働きたい」と意欲を見せている。

11月19日、役所の職員が生活保護を受けるにあたっての調査のため、自宅を訪問する。

事件が起きたのは、その翌々日のことだった。


生活保護を申請し、母親の介護認定の調査も行われ、「やっと一息つけそう」な道筋が見えたかの時に起きてしまった事件。

なぜ彼女は、死を選ぼうとしたのか。何が彼女たちをそこまで追いつめたのか。

事件から7か月。その間、現場に行き、地元の人の話や彼女が訪れた役所で職員の話を聞くなどの取材を重ねてきた。しかし、謎は深まるばかりだった。

そうして事件から半年あまりの16年6月、彰子被告の裁判がさいたま地方裁判所で行われた。期日は6月20日、21日のたった2日間。判決は23日には出るという裁判員裁判だ。罪状は、殺人と自殺幇助。事件番号・平成27年（わ）第１８０９号。

蒸し暑い初日の午前9時半、すでにさいたま地裁の前には定数31の傍聴席を巡り、その倍くらいの人数が列をなしていた。

## 「認知症だから、しょうがないのかな」

さいたま地裁A棟201法廷、午前10時。

「被告人、前へ」と言われて、向かって右側の被告人席から立ち上がった女性が彰子被告だった。

彼女がすでに被告席に座っていたことに驚き、そしてそのことに今まで気づかなかったことにも驚いた。

それほどに、地味な印象の女性。

新品と思われる白いワイシャツ。肩より少し長い髪を後ろにひとつで結んでいる。染めた様子はなく、真っ黒な髪だ。中肉中背。下半身は黒いズボン。足下は黒いサンダルで、黒い靴下を履いている。

顔立ちはというと、少しエラが張り、小さな目が気弱そうな印象を与える。すっぴんだからか顔全体が赤みを帯びている。だけど彼女が全身から発する雰囲気はただひたすらに穏やかで優しそうで、「介護士さん」とか「保育士さん」と言われたら誰もが納得しそうだ。長年の介護生活が、彼女にそんな印象を与えたのか、もともとそんな人だったのかはわからない。親思いの、心優しい娘。近所の評判通りの人だったことがうかがえる。

法廷の中央の席で、生年月日、住所などを裁判長に問われるままに答えていく彰子被告。緊張した様子はあまりなく、意外なほど澄んだ声で、はっきりと答えていく。昭和43年8月生まれ。47歳。職業は、無職。

そのあと彰子被告が被告席に戻ると、検察と弁護人の冒頭陳述が始まった。

この日の裁判で明らかになったのは、父親の病気が予想外のスピードで悪化していたという事実だった。頸椎圧迫で新聞配達を辞めたのが11月12日。事件が起きる21日までの間に、病状はたたみかけるように日に日にひどくなっていく。歩けなくなり、食事も自分で食べられなくなり、ひげを剃ることもできず、最終的にはオムツをつける生活になったのだ。

また、姉の証言から、三人の住む家にはエアコンもなく、テレビも壊れたままで買い替えていなかったことが明らかとなった。

そうしてこの日、午後から被告人質問が始まった。

「あの日」に至るまでの経緯、そして当日の詳細が生々しく語られた。


彰子被告は高校を中退後、「小僧寿司」での勤務をはじめとして、様々な職を転々としてきたという。一番最後の仕事を辞めたのは事件の3年前。お菓子製造の仕事だった。すでに母親の介護が始まっていた。

仕事を辞めた理由を問われると、彼女は「周りの目が気になった。無断欠勤したことへの自己嫌悪で辞めた」と語った。この無断欠勤が介護を原因とするものなのかどうかについては触れられていない。

これまで、一度も母親と離れて暮らしたことがなかった彰子被告。01年に母親がクモ膜下出血で倒れて身体が不自由になり、03年に認知症、そしてパーキンソン病と診断されてから、かいがいしく母親の面倒を見てきた。

機嫌が悪いと「死んじまえ」「コンチクショー」など暴言を吐くこともあったという母親。しかし、そんな母親の暴言について、彰子被告は「母が暴言を吐くような時は、その前に私が何かしたんだと思います」と述べ、「暴言を吐かれた時の気持ち」について弁護人に問われると、「認知症だから、しょうがないのかなと」と、優しい笑いを含ませた声で言った。

一人で外出して長く家を空けるのは年に1度程度。一緒に出かける相手は離れて暮らす姉だった。そんな時は父が家にいて母をみる。それ以外はずっと母から目を離せない日々。普通に歩くことはできないが立ち上がることはできるので、転倒が心配だからだ。

食べ物以外のものを口に入れてしまうこともあった。ティッシュ、人形の指、バナナの皮、マジックのキャップ。

手が震えるので、食事には常に介助が必要だった。歯がない母親のため、おかゆや煮物、コロッケなどを食べさせていたという。

トイレも一人では行けない。よって何年間もオムツ生活が続いていた。1日5~7回のオムツ替え。もちろん、入浴も一人ではできないので介助が必要だが、彰子被告だけではとてもできない。母親の入浴は父親と二人で介助していた。

母親は機嫌がいい時は笑ったり、人形遊びをしていた。美味しいものを食べたら「美味しい」と言ったりするものの、会話はできない。機嫌の悪い時は扉を延々とガチャガチャ音をたてて開けたり閉めたりする。また、認知症になってからは病院の診察が苦手で、血圧を測ろうとすると嫌がって暴れ、同じように点滴も暴れてできないことがままあった。

「お世話、大変じゃないんですか」

弁護人の質問に、「大変じゃないと言えば嘘になるけど、当たり前だと思った」と彰子被告。

弁護士「自分は大変なことをしていると思いませんでしたか」
彰子被告「思いませんよ」
弁護士「お母さんへの思いは」
彰子被告「大好きです」
弁護士「認知症になってからの母親は」
彰子被告「普通に、大好きです」
弁護士「あなたにとってお母さんはどんな存在ですか」
彰子被告「大きい存在です」

認知症になる前、彰子被告は母親を「お母ちゃん」と呼んでいた。しかし、認知症になってからの母親は娘もわからず「どちらさまですか」と聞くこともある。いつからか彼女は母親を「ヨキちゃん」と名前で呼ぶようになっていた。

一方、新聞配達をしながら家計を支える父親は、以前、ギャンブルで借金を作り、蒸発したとは思えないほど、別人のように献身的に母親を介護していたという。オムツ交換もいとわず、母親を「笑わせるように頑張っていた」。

新聞配達の勤務時間は深夜1時から朝6時過ぎ。休みは休刊日だけ。月収は約18万円。新聞の拡張（訪問勧誘）員の仕事もしていたという父は、給料とは別に入る拡張で得たお金でギャンブルをすることもあったという。最初はパチンコ。最終的には「競馬にハマっちゃいました」と懐かしそうに語る彰子被告。彼女は父親を「じいじ」と呼んでいた。おそらく、姉に子どもができてからこの呼び方が定着したのだろう。

話からは、母親の介護という苦労を抱えつつも、親子3人での穏やかな生活が伝わってくる。3人で、買い物やドライブに出かけることもあったという。

しかし、そんな生活を襲ったのが、唯一の働き手である父親の病気だ。

## 「私の人生も父の人生も、惨めだなと思いました」

15年の9月半ば頃から手足の痺れが出て、11月頃にはどんどん悪化していく。手の感覚がなくなり、新聞配達のバイクで転倒すること4～5回。どんなに熱があっても仕事に行っていた父だったが、11月12日、とうとう仕事を辞める。そこから父親の病状がたたみかけるように悪化していったことは前述した通りだ。そうして11月17日、彰子被告は市役所に生活保護を申請。その前日16日、父親は自立歩行ができなくなり、診察の結果、入院の日が11月28日と決まる。11月30日には手術も予定されていた。が、父親は手術しても自分の身体は治らず、寝たきりになるのでは、と恐れていたという。また、彰子被告から見ても「良くなる」ととても思えないほど、病状はひどかった。ただただ父が可哀想で、父自身が自らを「惨め」だと思っているのが伝わってきた。

そうして生活保護を申請した翌日夜、父親が彰子被告に言ったのが冒頭の言葉だ。

「あっちゃん、三人で一緒に死んでくれるか。お母さん置いてくと可哀想だから」

なぜ、この問いかけに彰子被告は即答したのか。

迷ったり、悩んだりは一切していないという。思い直すこともなかった。父親を説得しようとも思わなかった。生活保護の申請ができているとはいえ、「大丈夫」なんて言えないほどに、父親の病状は重かった。死にたいという気持ちは、若い頃、「つまらなくて」思ったことはあったという。その後の人生でも、転職するたびに「心が折れていた」。しかし、今回は市役所に行って生活保護の申請をしたり、生きるために「走り回っていた」。死のうなんて、まったく考えていなかったのに。

しかし、「すべてがなくなって、父も自分の病気から解放されて楽になる」という思いはあった。母親の介護は苦ではないけれど、それもなくなる。

「父の一言がなければ、生活保護を受けて手術を受けてそれなりになったと思うんですけど、あの時即答できたのは……わからないです」

言葉を選ぶように何度も沈黙を重ねながら、彰子被告は言った。

父親に「死のう」と言われた日かその翌日頃、彼女は遺書めいた文章を残している。感謝の気持ちを綴ったものだった。そこには「一人で逝くのは悪い。父に言われてほっとしている」という言葉があった。なぜ、こんなことを書いたのか自分でもわからず記憶もあまりないという。しかし、「心のどこかで死を思っていたところに、父の言葉があったのかな」と、どこか他人事のような口調で言った。

父親は、自分が入院する11月28日までには死のうと言った。車で川に飛び込むと言ったのも父親だった。そんな話をした翌日、自宅に生活保護を受けるにあたっての調査のため、役所の職員が訪れた。家族それぞれの生い立ち、これまでの生活歴など、根掘り葉掘りいろいろなことを聞かれる。「その時、感じたことは?」。弁護人に問われると、彼女は言った。

「今までの人生、惨めだなと思いました。高校も中退して仕事も転々として。父の人生も、同じように惨めだと思いました」

その時、彼女は決めた。

「役所の調査であまりにも惨めな気持ちになったので、早く死のうと思いました」

## 利根川へ

生活保護の調査があった日、彰子被告は父親に「早めるよ」と告げた。父親は「いいよ」という返事。その翌日の午前中、彼女は「汲み取り屋さん」に連絡していたことを法廷で述べている。家のトイレは、水洗ではなかったのだ。

この日、汲み取り屋が来たのかどうかはわからない。そしてこの日の15時頃、彼女は父親に「今日行くよ」と告げている。しかし、父親は首を縦には振らなかった。

「死ぬ場所の下見をしなきゃいけないから、もう暗くなるから明日にしよう」と言われたのだ。

この日あるいはその前日に、親子はアルバムを見るなどして過ごしている。

翌日朝、親子は朝食を食べ、「今日行くよ」と父親に告げると、父親は「明日にしよう」という返事。「ダラダラ延ばされる感じでカチンときた」という彼女は、「死ぬ気あるの?」と強い口調で言った。「じゃあ、置いてくよ」とも言ったという。

母親を残すという選択は最初からなかった。「母だけ残しても可哀想だし、家族一緒じゃないと意味がない」と父親も言った。残された母親が施設でいじめられたら可哀想だ、という思いもあったという。暴言を吐いたり暴れたりする母親が、施設の職員にどんな扱いを受けるのか――。ラジオのニュースで介護施設での虐待などの事件を知り、そんな不安があったという。また、介護サービスや施設の利用には、最初から引け目を感じていた。介護保険料を払っていなかったので、負い目があったのだ。

そうして昼過ぎ、一家は車で出発する。何も知らない母親はドライブだと思っただろう。運転席に彰子被告、助手席に母親、後ろに父親。ガソリンスタンドでガソリンを入れ、たこ焼きを買いに行った。おそらく、一家の「最後の晩餐」だ。そこから事件の現場となった利根川に下見に行くが、まだ明るいので、時間潰しと下見を兼ねて一家は群馬県の草木湖に行く。家族で2度ほど訪れた場所だった。ここには草木ダムがあるので、車ごと飛び降りられる場所を探した。しかし、適当な場所はない。そうして一家を乗せた車は午後6時、再び利根川のほとりに着く。

途中、父親は勤めていた新聞販売店の所長に連絡している。「お礼が言いたい」とのことだった。しかし、電話をかけたものの連絡はとれなかった。

心中するにあたって、彰子被告は父親と自分の携帯を折って利根川に捨てている。「死にきる前に見つからないように」するためだった。GPSなどで、居場所がわかったら困る。同時に、財布の中身もバラまいて捨てていた。診察券や免許証、各種カードなど。のちにそれらは川で発見され、裁判で「証拠品」として提出される。財布の中のお金は「バチがあたるから」バラまかなかったという。

そうして車は、利根川へと進んでいく。入水の瞬間、父親は後部座席から「あっちゃんお母ちゃんごめんね」と言った。それが最期の言葉となった。

車が川に入り、足下に水が浸水してくると、「冷たいよー」と母親が騒ぎ出した。計画では、車が川に沈み、車の中に水がどんどん入ってきて溺死する予定だった。しかし、水深が浅く、車は沈まない。彰子被告は運転席の窓を開けて川に入り、ずぶ濡れになりながら車を押した。しかし、動かない。仕方ないので運転席の窓から母親を川に出し、助手席に移っていた父親も窓から出した。「死んじゃうよー」と手足をばたつかせる母親。「ごめんねごめんね」と繰り返す彰子被告。まだ足のつく場所だったので、右手に父親、左手に母親の衣服を摑み、彰子被告はより深みに進んでいく。この間、二人は川にほぼ浮いている状態。だが、どちらかが沈みそうになると「まだ早いよ、一緒だから、まだ死んじゃダメ」と浮かせていたという。その途中、父親が彰子さんを突き放すようにして離れていった。しばらくして、母親の動きが止まった。このまま流されていれば死ぬ。身体が沈み、川の水をたくさん飲みこんでは苦しくなり、戻したら楽になり、また苦しくなり、を繰り返した。だけど気がつけば、「死ななきゃいけないのに、一家心中しなきゃいけないのに」身体は浮いてしまう。その時、左足を、流されていった父親に摑まれたかのような感覚があった。その時のことを、「嬉しかった」と彼女は表現した。父親が引っ張ってくれて、やっと死ねると思ったということだろうか。が、それは浅瀬の砂利に足がついた感触だった。

そうして彼女は、陸に上がる。母親を引きずり上げようとしたけれどできず、流されないような場所に母親の身体をひっかけた。そうして彼女はたまたま見つけた祠のような場所に入り、「一晩中、母親が流されないか見たり、不謹慎だけど歌を歌ったり、夜の鳥を見たり、時々寝たりしながら」過ごしたという。この日の気温は最低で11℃台。ずぶ濡れの状態で、さぞ寒かっただろう。もう少し気温が低ければ、凍死していたかもしれない。

そうして、長い長い夜が明ける。明るくなってからは、彰子被告は「姿がよく見えるから怖くなって」母親をあまり確認できなくなったという。

11月22日午前9時すぎ、利根川でボートを漕いでいた男性がヨキさんの遺体を発見。その後、川岸にかがみ込んでいた彰子被告も発見され、救急車で搬送される。ほどなく父親の遺体も発見された。そうして彰子被告は、殺人罪と自殺幇助で逮捕される。

## 生き残ったのが私で良かった

法廷で、彰子被告は涙で声を震わせ、時に深呼吸を繰り返し、あの日のことを語った。

母親の死について、どう思っていますか？　弁護士に問われた彰子被告は、振り絞るように言った。

「死にたくなかったのに、無理矢理殺してしまいました。最期の言葉が『死んじゃうよー、死んじゃうよー』だった……」

一方、父親の死について問われると、何かを覚悟するかのように、言った。

「申し訳ないけれど、父が死ねて良かったって言っちゃいけないけど、父が死ねたことが、良かったと思ってます」

なぜ、「父が死ねて良かった」のか。以下、裁判員の質問への答えだ。

「今、私は今後死のうとは思ってないけれど、事件後と同じで、生き残って申し訳ないという気持ちです。母には謝るだけです。父に関しては……あの身体、皆さんにはわからないでしょうけど……、もし、私が父と同じくらい具合悪かったら、立場逆だとしたら、一家心中まではわからないですが、自分が死にたいくらい惨めになっていたと思います。その父が死にきれたことが、私は、良かったと思っています……。父には申し訳ないけれど、ここにいるのが父じゃなくて良かったと思っています。あの身体で川に入って、助かるはずはありません。万が一、私と母が死んで、父がここにいる方が残酷です。死にたかったけど、申し訳ないけど、生き残ったのが私で良かった……」

一家心中について、どんな感覚を持っていたか？　という質問には、以下のように答えた。

「表現はおかしいですけど、一緒にいたかった。三人で」

## 私だけ生き残っちゃダメなんだよ

法廷では、二人の姉への証人尋問もあった。

若くして結婚し、30年ほど前に家を出た上の姉は、月に一度くらいの頻度で彰子被告の家を訪れていたという。事件の2日前にも、父親の手術の同意書に判子を押すために訪れていた。ちょうど役所の職員が調査のために訪れた後だ。

事件を知った時には、2日前に会ったばかりなのに、とパニックになったという。

「今まで、介護が大変って聞いたことはなかったですが、死を選ぼうとするのを気づかなかったのが、情けなく、悔しいです」

姉の言葉を聞いて、彰子被告はハンカチを鼻に押し当て、ただでさえ赤い顔を真っ赤にして泣いた。

逮捕後の面会で、彰子被告は姉に「バカな妹でごめんね」と泣いて謝るばかりだったという。姉は「父と母は亡くなったけれど、あっちゃんだけでも生きていてくれて良かったよ」と声をかけたそうだ。また、彰子被告が社会復帰した際には、自立するまで自宅で引き取ることで家族とも合意がとれているという。

上の姉の次には、下の姉も証人尋問を受けた。6歳で養子に出されたという下の姉は、愚痴のひとつも言わずに母親の介護をする妹を尊敬していたという。一方で、介護サービスに関してアドバイスをしていたものの、妹は介護保険料を払っていない負い目があったから、施設への問い合わせができなかったのでは、もっとできることがあったのでは、と振り返った。下の姉は「そこまで追いつめられていたのに、気づいてやれなくて申し訳ない」と語り、両親は可哀想だけど、「妹を責める気持ちにはならない」と述べた。事件後の面会では、妹に「どうしてそんなことしたの！」と強い口調で言ったという下の姉。彰子被告は泣きながら「ごめんなさいごめんなさい」というのが精一杯で「あっちゃんだけでも助かって良かった」といくら言っても「それじゃダメなんだよ、私だけ生き残っちゃダメなんだよ」と繰り返していたという。

上の姉、下の姉ともども、彰子被告への刑を「軽くしてほしい」と訴えた。そして二人とも、妹の性格を、「優しくて穏やか、怒ったところを見たことがない、争いを好まない性格」と評した。短気な父親にも一切口答えせず、我慢強かったという。また、母親と彰子被告は買い物もドライブもいつも一緒、羨ましくなるほど仲が良かったそうだ。

一方で、二人の姉が共通して語ったのが、父親への複雑な思いだ。姉妹が幼い頃、ギャンブルで借金を作り蒸発した父親。上の姉が高校生くらいの時に居場所がわかり、行き来が始まり、そして戻ってきた父親。上の姉は今まで一度も「お父さん」と呼んだことがないという。下の姉も、父親に関して愛情をあまり感じていなかったことを正直に述べた。もしかして、下の姉が養女に出された原因は父親の蒸発による生活苦だったのかもしれない。が、母親が倒れてからの献身的な父親の姿には胸を打たれたという。

二人の姉は、自分たちとはよそよそしい関係の父親と「うまくやっている」ように見える彰子被告に関して、どこか羨ましさを感じていたようだ。

しかし、親子は静かに追いつめられていた。

午前10時から始まった裁判は、この日の午後5時、終わった。

## 「生きること」が両親への供養

翌日午前10時、2日目であり、同時に最終日でもある裁判が始まった。

検察が懲役8年を求刑すると、弁護側は執行猶予つきの判決を求める。

最後に法廷の中央で「何か言いたいことは」と言われた彰子被告は、嗚咽を堪えながら話した。

自分が親戚に縁を切られるのはいいけれど、二人の姉が親戚付き合いを避けられるのでは、という不安。そして、借家なのに長年住まわせてもらった大家さんへのお礼。父親の県民共済の保険が下りたら、(自分を引き取ってくれる)姉に渡したいこと。事件後、記憶がない日があり、そのことで刑事さんを疑ってしまったことへの謝罪。そうして、いつの日か世間に出たら、残りの人生で、あの時死んでいれば良かったという場面に出くわすかもしれないけれど、何があっても生きることが両親への供養になる、ということ。

そうして彰子被告は、前日の姉の証人尋問に触れた。

「昨日、姉が、『妹が悩んでるのを気づかずに情けない』と言ってましたが、私も次女の姉が養女に出されて、その悩みは計り知れないと思います。長女の姉も、若くして結婚して、たくさんの悩みや苦労があったと思います。姉が私の気持ちがわからないのは当たり前です」

そして大きく息を吐くと、続けた。

「長女が昨日、父のことを『お父さん』って呼んだことがないと言っていました。ですが、私も一度も呼んだことがありません。それでも、30歳くらいの時から、いつかは『お父さん』って呼びたいな、と思っていました。最終的には、呼ばないまま、この事件を起こしてしまいました……」

そこで一息つくと、彼女は言った。

「今日は、月命日です。こんなとこで申し訳ないんですけど……」

そう言って、彰子被告はゆっくりと合掌し、誓うように言った。

「お父さん、お母さん、こんな私ですけど、これからもどうか見守っていて下さいね」

そうして、長い沈黙。

最後に消え入るような声で彼女は言った。

「他にも私の家族のこと知ってほしいですけど、時間がないのでこれで終わりにします」

この日の裁判は、午前11時には終わった。

「大家さんへのお礼の言葉」が、妙に心にひっかかっていた。もし、私がこのような場面で誰かにお礼を言うとしても、「大家さん」は浮かばないだろう。それほどにお世話になった人なのか、それとも、大家さんにお礼を言うほどに、彼女には人間関係がなかったのか。介護でほとんど母親から離れられない彼女にとっての世界とは、父親と母親と時々来る姉と、そして大家さんくらいだったのかもしれない。

## 予定されていたはずの「支援」

さて、この裁判を通してもっとひっかかったのは、彼女に死期を早める決意をさせた役所の調査だ。

彼女をそこまで「惨め」にさせた訪問調査で、どのようなやり取りがあったのか。それは裁判でも明らかにされることはなかった。が、ある意味で人生の「どん底」の時にこれまでの半生を語らされることは、誰にとってもしんどいものだ。これまでのすべてが、今の「生活困窮」という、人にあまり知られたくない事態に結びついているように思えてしまう。それは今までの「失敗」を、いちいち掘り起こして机の上にひとつずつ並べていくような作業なのではないだろうか。

この調査のどこかで、彼女の心は折れたのだ。

生活保護は、ざっくり言うと申請時点でひと月の生活保護費の半額以下の所持金しかなく、かつ資産がなければ受けることができる。この時点での一家の全財産は8万7000円ほど。一家の生活保護費は家賃込みで約20万円だったので半分を切っている。また、貸家に住んでいたので不動産などの資産もない。両親は病気で働けず、娘は介護で働けない。現在の、その状況だけで十分ではないのか。わざわざ本人にこれまでの経緯を語らせ、あたかも「人生の成績表」をつけるような調査のやり方があったとしたなら、それは見直されるべきではないのか。

「本当は、生活保護なんて受けたくなかった」

逮捕後、面会に訪れた役所の職員に、彼女は強い口調で言ったという。

おそらくどこかで、彼女にスティグマ（恥辱、汚名、負の烙印）が植え付けられた。両親ともども、人生を終わらせるほどの。

もう一つ注目したいのは、そんな思いをして調査を受けながらも、彼女は生活保護を申請したことで、「安心感」を得てはいないということだ。

彼女は姉たちに、申請後、不安を漏らしている。

決定には2週間から1か月もかかるらしいこと。本当に受給できるのかわからないこと。

たしかに、受給が決定するまでの審査にはその程度の時間がかかるし、申請時点で「確実に」受給できるかはわからない。

とはいえ、「具体的にこれからどうなって、いつ頃いくらくらい貰えるのか」という説明が丁寧になされていたら。

ここで思い出すのは、事件後の現地調査で役所の職員と面談した時のことだ。

私や現地調査に同行した人は、職員に何度も同じ質問を投げかけた。

「19日の訪問の時点で、だいたいいつ頃にいくら支給されるという話はしていたんですか」

しかし、役所の答えは以下のようなもの。

「具体的な金額は伝えません。資産調査とかの結果が出ないと、トラブルになるので。ただ、医療費の心配をされていたので、生活保護では医療費は本人負担がないと、家賃も出ると、そういう話はしました」

確かに、彰子被告は父親の入院費については「生活保護が受けられれば費用はかからない」ということを姉に話している。

が、いくら家賃と医療費が出ると言われても、生活費がどれくらい出るかわからないと「今後の生活」の見通しなど立たない。具体的な未来図が描けない。そのことと父の病気の急激な進行が重なった時、彼女はおそらく、冷静な判断力を失った。それを示すように、遺書めいた文章を残した彼女にはその時の記憶がない。

彰子被告はおそらく、生活保護費として家賃込みで約20万円を受け取れるということを知らなかったのではないだろうか。また、手元の8万7000円が尽きてからの不安もあったのではないだろうか。このような場合、受給決定前でも生活保護費から前借りするような形で生活費を受け取ることができる。が、役所の職員の話し振りから見て、そのような説明がなされていたとは思えない。

裁判では、検察によって、今後の支援の「予定」が示された。

まず、月に約20万円の生活保護費が支給されること。母親の要介護度が決まれば、ヘルパーの介助や介護施設への入所支援も予定されていたこと。父親の手術代も生活保護を受けていればかからず、オムツ代も支給される可能性があったこと。後遺症が残ったら、障害者手帳が発行される予定だったこと。そして彰子被告本人には、親の介護から解放され、時間ができたら就労支援が予定されていたこと。求職活動を見守り、職業訓練費などの支給も予定されていたこと。

だけど、一体これらの「予定」のいくつを彼女は知ってたのだろうか。法廷でさえ、彼女は「お金がないから母を施設には入れられない」と言っていたのだ。というか、もし、これらのことが訪問調査の日に伝えられていたら、事件は起きていなかったのではないだろうか。

「予定」という言葉が、ただただ空しく響いた。

## 実刑4年の判決

裁判の中で、彼女は何度も泣いた。

最初に激しく泣いたのは、弁護士が「大好きなお母さん」という言葉を連発した時だ。「彰子被告は、お母さんが大好きでした」「そんな大好きなお母さんのために」。そんな言葉が弁護士の口から発されるたびに、彼女は顔を真っ赤にして、白いハンカチを鼻に押し当て、泣いた。

そしてこちらが見ていられなくなるほどに泣いたのは、姉の証人尋問だ。

「彰子さんから、『介護が辛い』と言われたことはありませんでしたか?」

そんな弁護士の質問に、上の姉は後悔を滲ませる声で言った。

「一度も、ありませんでした……」

その瞬間、被告席に座っていた彰子被告は堪えきれないように顔をくしゃくしゃにした。

今まで、頑張ってきた自分。愚痴のひとつも言わずに親の介護をしてきた自分。大変だったけど、耐えてきた日々。そんなものたちが一気に心の中に蘇ってきたかのように、彼女は泣いた。

そんな「頑張り屋」だった娘は、母親に対する殺人と父親に対する自殺幇助の罪に問われて被告席に座っているのだ。

その姿を見ながら、思った。

彼女がもう少し気が強かったら、もう少し我慢強くなかったら、いろんなことが言えたのに。助けてって。辛いって。なんで私だけって。そう吐き出すことができたら、いろんなことが少しは変わっていたのに。

２０１６年６月23日、彰子被告には懲役４年の実刑判決が下った。

# 5
# スーパーグローバルな「おせっかいおばちゃん」
## ——この国で生きる外国人を支える人々

本章で取材させて頂いたのは、埼玉県はふじみの市・上福岡にあるNPO〈ふじみの国際交流センター〉の理事長・石井ナナヱさんだ。

現在、日本で暮らす外国人は220万人を超えている。それぞれに多様な理由や事情があるのだろうが、ごく一部の恵まれた人たちを除き、彼らの暮らしの中には常に多くの困難が立ちはだかる。もっとも大きいのは、言葉の壁によるものだろう。知らない土地で知らない言葉が飛び交う。そこで感じる不安、孤立感は、誰しもが想像に難くない。

石井さんは今から28年前、様々な苦労とともに地域に暮らす外国人に日本語を学んでもらうため、また生活相談の場所として、そして好きなときに彼らが立ち寄れる居場所として、早々とこのセンターを立ち上げた。

小雨の降る少し肌寒い日、小さく質素な建物の内部はふんわりと暖かい。ナイジェリア、リトアニア、ベトナム、中国……様々な国から来た幅広い年齢の人たちが、ボランティアスタッフからマンツーマンで日本語を学ぶ傍らで、お話を伺った。

## 「言葉の壁」と孤立

2016年3月、ある男性へ無期懲役の刑が下された。

男性の名は、勝又拓哉《かつまたたくや》。33歳。05年に起きた「栃木女児殺害事件」の容疑者として逮捕されたのは、事件から8年半後のことだった。

彼は当初、殺害をほのめかす供述をしていたものの、途中から全面否認し無罪を主張。が、裁判員裁判の末、下ったのは無期懲役だった。

物証が乏しい中、無期懲役という判決が降りたことは一部メディアでも問題視されたが、もう一つ注目されたのは彼の生い立ちだった。台湾出身の彼は幼少期は父親と台湾で暮らしていたものの、夜逃げを繰り返す日々。小学校6年生の時、日本人男性と結婚していた母親に呼び寄せられ、来日。のちに帰化した。しかし、日本語が満足に話せないことから学校ではいじめられ、その後も孤立し、ひきこもりがちだったという。そんな勝又氏は飼っていた猫を溺愛し、お風呂に入れ、一緒に寝ていたという。

日本語が十分ではなかったという事実は、警察の取り調べにおいてどれほど考慮されたのだろう。

また、彼が孤立を深めた背景には、間違いなく言葉の壁があったはずだ。

## ベトナムから来たミンさん

今回取材に訪れたのは、埼玉県にある〈ふじみの国際交流センター〉。外国で生まれ、その後日本に来た人たち、そしてその子どもたちにボランティアで日本語を教え、また外国人のあらゆる相談を受けて支援を続けるNPOだ。

ある木曜日の午前中、埼玉県は東武東上線の上福岡にある、同センターを訪ねると、7名ほどの外国人がボランティア講師とマンツーマンで日本語の勉強に励んでいた。昔ながらの学習塾のようなアットホームな雰囲気。

ナイジェリアから来たという黒人の男性もいれば、リトアニアからやって来たという白人の若者もいる。小学校を卒業し、この春から日本の中学に入るという中国の女の子もいれば、ベトナムからやってきた女性もいた。

毎週木曜日の10時から12時は、ここで日本語教室が開催されているのだ。

この中で一番日本語ができるというベトナム出身のミンさん（29歳）に挨拶をすると、丁寧な日本語が返ってきた。

「ミンと申します。ベトナムから参りました。日本には、1年3か月前に来ました。夫が8年前に日本に来ました。夫の仕事はエンジニアです」

夫がベトナムに一時的に帰った際に結婚したが、その後子どもができたため、子どもと一緒に日本に来たのだという。子どもは2歳。今は保育園に預けている。ベトナムでは経理の仕事をしていたというミンさんは、現在、清掃の仕事をしているという。将来の夢は「ベトナムに帰って、日本語の先生になること」。

29歳には見えない童顔のミンさんは、本当に「一生懸命」という感じで日本語をしゃべる。その手元には日本語の教科書。そこには「〇〇するにあたって」など、日本語の使い方が書かれている。「日本語を勉強にするにあたって、多くの先生にお世話になりました」

彼女は早速、その日習った言い回しで話してくれた。

周りを見ると、それほど難易度が高い教科書で勉強しているのは彼女だけで、あとは大きなひらがなが並ぶ教科書を開いている。ボランティアの女性によると、まったく日本語がわからない人に教える場合、イラストを見せて名詞から教えるそうだ。そんな初心者向けの教科書には、リンゴや机、椅子などたくさんのイラストが描かれていた。

## 6か国語対応の生活相談と日本語教室

現在、日本で暮らす外国人は223万人（2015年末時点）。法務省の調査によると、一番多いのは中国人で29・5%、次いで韓国・朝鮮で20%。以降、フィリピン、ブラジル、ベトナム、米国、ネパールと続く。

その中には、仕事や留学で来た人もいれば、中国残留孤児の二世、三世もいる。興行ビザで来日したフィリピンの女性もいれば、彼女たちの子どももいる。90年の入管法改正によって日本で働くことができるようになった日系ブラジル人もいれば、外国人研修生・実習生もいるし、祖国で迫害を受けるなどし、難民認定を待つ人々もいる。

が、日本で暮らす彼らには様々な困難が待ち受けている。外国人には部屋を貸さないという不動産屋は少なくないし、生活習慣の違いも大きい。そして税金や健康保険などの各種手続きなどなどわからないことだらけだ。〈ふじみの国際交流センター〉では中国語、英語、韓国語、スペイン語、ポルトガル語、フィリピン語の6か国語に対応し、月曜から金曜まで生活相談に応じている。

しかし、いくら生活相談に乗ったとしても、やはり言葉の壁をクリアしないことには日本で暮らしていくのは難しい。ということで開催しているのが、毎週木曜日午前に行われる日本語教室。毎週土曜日午前には、子どもが日本語を勉強したり宿題をしたりする「国際こどもクラブ」も開催。毎月に2回はパソコン教室もやっている。外国人300円、日本人600円でプロの講師に教えてもらえるのだ。この日はちょうどパソコン教室の日で、午後からは日本人の女性講師が外国人にパソコンを教えていた。

〈ふじみの国際交流センター〉は、相談所でありつつ、学習の場でありつつ、誰もが集えるオープンスペースなのだ。

## 支援を始めたのは「恩返し」

さて、こんな取り組みを切り盛りするのが〈ふじみの国際交流センター〉理事長の石井ナナヱさん（68歳）。ハイテンションで、全身からいい意味で「おせっかいおばちゃん」のオーラを発している。孤独死や孤立が問題となる現代社会において、もっとも自然体でそれを防止できてしまうかのような人柄が、会った瞬間から伝わってくる。そして底抜けに、優しい。何よりも、この活動が楽しくて仕方ないという空気が伝わってくる。

石井さんが外国人支援の活動を始めて、今年で28年。５年前からは月３万円の給料が出ているが、それまでずっとボランティアで、時に自腹を切りながら続けてきたという。寄せられる相談件数は年間６００件ほど。18年前からは、ＤＶなどで逃げてきた女性が入れるシェルターも運営。ボランティアスタッフは現在70名ほどで、そのうち外国人は30名くらい。かつてここで支援を受けたり日本語を習ったりした外国人が、ボランティアスタッフになるケースも多いという。

まず、なぜ、このような取り組みを始めたのか石井さんに聞いてみた。

「私、高卒なんですよ。本当は大学行きたかったんですけど、中３の時に父親が大病を患ったから、早く就職して家計を助けなきゃって、商業高校出てすぐ就職したんです。だからすごい学歴コンプレックスで、子どもには大学や大学院に行ってほしかった。あと、海外も行きたかったんですけど行けなかったから、子どもには三人全員、行かせてあげたんです。そうしたら、ホームステイで３か月行ってても、お母さんのこと一度も思い出したことなかったってみんな言うんです。どこに行ってもみんな親切にしてくれたからって。そんなに親切にしてもらったんなら、じゃあ私も日本に住んでる外国人に何かできないかなと思ったの」

ある意味、あまりにも「素朴な理由」である。そんな恩返しのような思いから始めたのが日本語教室だった。

「高卒だけど、日本語はできるなって。それで公民館で日本語教室を始めました。１９８９年頃ですね。81年に興行ビザが緩和されて、フィリピンの女性たちがいっぱい入ってきて、日本人と結婚し始めていた頃です。日本の景気もまだ良かったから、アフリカから来た肉体労働をする外国人もたくさんいました。週３回、そんな人たちを対象に日本語を教えたんです」

公民館での教室は8年ほど続いた。しかし、徐々に外国人をとりまく様々な問題が見えてくる。

「日本人と結婚したフィリピン人ママがよくうちに逃げてくるようになったんです。日本の男の人の多くは、結婚して3年くらいはフィリピン人に“I LOVE YOU”って言うんですけど、4年目くらいになると、言葉は通じない、食べ物は違うで、嫌になる。そうすると今度はすごいいじめるようになって」

そんな女性のために「駆け込み寺」を作りたい。そして、彼女たちが自立できるよう、職業訓練所が作りたい。それが〈ふじみの国際交流センター〉を作った一つ目の理由。

二つ目は、「居場所」を作ること。

「当時、アフリカから来てる8割くらいの人が一人暮らしでした。寂しいというので、彼らが自由に集えるオープンスペースが必要だなと思いました」

三つ目の理由は、子どもたち。

「彼らの子どもたちもいっぱい来たんですけど、日本は第二言語としての日本語を教えない。そうなると、教育も受けられないし、仕事もできない。そういう子たちが日本語を学べるオープンスペースがあればいいなと思ったんです」

そうしてお金を溜めて、1996年、築50年の広い一軒家を借りた。借りるまでも大変だった。

「外国人が来るっていうと、貸してくれる不動産屋さんがなかなかないんですね。やっとの思いで借りられた後も、町内の自治会長さんが代表で見にきました。『変な団体が何やってるんだ』ってことで。だから、こういうことしてるんですよって言ったら『なんだ、いいことやってるんじゃないか』って、庭にお花を植えてくれたり、近所のお婆ちゃんたちがお赤飯を持ってきてくれたり、みんながいらなくなった家具を持ってきてくれたり」

お話を聞きながら、今の日本社会に必要なのは、こういうちょっとした「繋ぐ係」なのだとつくづく思った。外国人と、近隣の日本人との間をとりもつ「通訳」のような人。もともと、日本社会にはそんな「おばちゃん」がたくさんいた。だけどいつからか減っていって、個人情報などが叫ばれる現在、絶滅寸前と言っていい。

## 夢をもてない子どもたち

さて、そうして始まった〈ふじみの国際交流センター〉は、その後何度か引っ越しを繰り返し、今の場所に落ち着いた。日々の相談内容は本当に多岐にわたる。

「村役場みたいなつもりでやってますね。税金から教育から仕事から健康から全部。相談は無料だけど、間違ったことは言っちゃいけないから、なるべくいろんな勉強会に行ってます。最近だと、ストーカー法とかマイナンバーとか入管法が変わるとか、そのたびに習いに行って備えています。あと、犯罪に巻き込まれた時には裁判所に同行したり、子どもの学校でトラブルがあったら、学校に同行したりもします。それと、翻訳もしています。他にも、入管のビザの書き換えをしたりとか、国から子どもを呼びよせるための申請書の代筆とか。フィリピンから出生証明書なんかを取り寄せて、それを日本語に翻訳して入管へ出したり」

それぞれ専門知識が必要とされる仕事だ。それをすべて無料でやっているのである。石井さんはただの「おせっかいおばちゃん」ではない。プロフェッショナルでグローバルな「スーパーおせっかいおばちゃん」だ。

さて、そんな支援活動で出会う中で、とりわけ深刻なのが、10代で母国から日本に呼び寄せられる若者たちだという。例えば、フィリピン人の女性が子どもを母国に残して日本で働き、日本人男性と再婚するなどした場合。18歳未満だと「定住者ビザ」が申請できるので、中学を出た15～17歳の子どもを呼びよせるケースが多いのだという。しかし、日本に来た時点で、子どもたちは一切日本語ができない。基本的に15歳を過ぎてしまうと日本の中学校にも入れない。1年間かけて〈ふじみの国際交流センター〉で「あいうえお」から始めるものの、多くはその後、夜間高校に行くのが精一杯。

ちなみに文部科学省によると、公立の小中学校・特別支援学校に通う外国籍の子どものうち、日本語で学習できないのは3万人近く。また、国際結婚が増えた影響もあり、日本国籍でも日本語指導が必要な子どもは8000人近くいるという。そして、日本語ができない子どものうち、2割が高校に進学していないという。

石井さんが出会った中には、母国で成績優秀だったものの、日本語がわからないため全日制の高校に合格できず、深く傷ついた中国人の男の子もいるという。

「母国ではいつも学年トップだったらしいんですが、中学3年で日本に呼び寄せられたんですね。日本語能力ゼロのまま日本の学校に入ったんですが、いじめられて。中学卒業後は夜間高校に入ったんですが、あの子の人生にとって、日本へ来たのってどういうことだったのかなって」

「日本語の専修学校とかに行けばいいじゃないか」と思う人もいるだろうが、年間60～200万円の授業料がかかる。また、そもそも専修学校に入るには、12年間の学歴が条件だという。呼び寄せられる子どもの中には、母国で祖父母や親戚宅を転々としていたなどして充分な教育を受けていない子どももいれば、そもそもフィリピンのように中学がなく、高校を出ても学歴が9年という国もある。結果、どうなるか。来日して最初の2週間ほどはここで日本語の勉強をするものの、3週間目になると、野菜工場や弁当工場などで働くようになる子が多いという。

「時給は最低賃金ギリギリで、朝から晩まで働く。野菜工場だと、玉ねぎ係は1日中玉ねぎを切って、ニンジン係は5ミリの輪切りを1日中。で、フィリピン人のママに電話して子どもの様子を聞いてみると、『元気元気、働いてる』って言うんですよね。でも、タガログ語ができる人から子どもに電話をかけてもらうと、『せっかく日本に来たのに、日本語も覚えないうちに毎日朝から晩までモヤシを洗ってばかりで、俺は40になっても50になってもモヤシを洗うのかな』って言ってたそうです。日本語を習ってないわけだから、字を読んだり書いたりできない。だから、本当に仕事を選べない。17歳くらいだったら、せっかく日本に来たからこういうことやりたいな、とか思って来たわけですよね。でも、夢がもてない。きちんと生活ができる基盤がない」

## 担当省庁も法律もない

ここで石井さんは、フランス、そしてベルギーで起きたテロに触れた。

「あのテロを起こした人の多くの親が移民で、子どもたちはフランスやベルギーで育っていますよね。最低限日本語を教えるとか、職業訓練するとかしないと、そういうことが日本で起きないとも限らない。外国人に生活保護を出すなと言う方もいますが、それなら生活保護費を出さないで済むように日本語を教えるなり、職業訓練が必要なんです。でも日本には、在日外国人支援の担当省庁もない。当然、うちみたいな団体に補助金や助成金の制度もない。外国人のための法律も一つもない。日本語も教えず、職業訓練もしない」

それでは、他の国はどうなのだろうか。石井さんは韓国のケースを教えてくれた。労働者として入る場合には事前に韓国語の教育を受け、ある程度の韓国語ができないと入れないという。また、韓国内の各市町村に相談所のような場所があり、韓国語だけでなく、様々な文化を教えるなどしているそうだ。

翻って、日本では民間のNPOがボランティアでやっているという状況だ。

28年間、地域で外国人支援を続けてきた石井さん。支援してきた中には、人生のターニングポイントごとに石井さんに相談を持ちかけてきた人もいるという。

「一番最初にうちのシェルターに入ったのはタイ人の女性だったんですけど、日本人の旦那さんが莫大な借金を背負って、借金取りがいつも来るということで入りました。その時、彼女の子どもはまだ小さかったんですけど、その後、子どもが学校に行くようになって相談に来て、次は子どもの就職の時に相談に来て、その次は子どもの結婚の時にも相談に来ました。今、彼女には孫もいますが、いまだに関係は続いていますね」

そのタイ人女性にとって、異国で暮らし、子育てしていく中で、石井さんの存在はどれほど頼りに、そして救いになっただろう。

## 「イスラム国帰れ!」

そんな〈ふじみの国際交流センター〉のいいところは、支援が一方通行でないところだ。

「各国の料理教室もやるんですけど、普段日本語を習ってる時はいまいち元気がない人も、『今日はフィリピン料理』ってなると、フィリピン代表になって張り切りますね。台湾料理ってなると、台湾の人が張り切る。人間って一方通行だけじゃダメだな、相互通行がいいんだなって。だから外国の人にもできるだけ活躍できる場所を作る。学校から国際理解の講演を頼まれた時は、一緒に行って喋ってもらうんですよ」

それは素晴らしい取り組みではないか。

「この前はウズベキスタンの人に行ってもらいました。彼女はイスラム教徒なので、髪にスカーフをしています。それである日スーパーに行ったら、日本の子どもに『イスラム国帰れ！』って言われたらしいんですね。彼女はとても悩んで、『私はイスラム教徒だけど、イスラム国ではない。どうしたらいいのか』という相談が来たんです。その時ちょうど、教育委員会から講師をしてくれないかって頼まれたので、彼女に行ってもらったんです。現実に、『帰れ』と言われるなどの問題が起きている。だからイスラムのことを知ってもらえばいいんじゃないかって、『イスラム文化を知ろう』というタイトルで話してもらいました。ウズベキスタン料理を食べたり、ウズベキスタンに住んでいて日本語ができる人にスカイプで登場してもらったり。そういうことをして、イスラム教とイスラム国は違う、ってわかってくれた。ほかにも、68年も生きてると学校の先生に知り合いもたくさんいるので、『国際理解の教室やりたいんですけど』って、こっちから頼んで学校に行かせてもらって、子どもたちを体育館に集めて、そこに外国人ずらっと並んでいろんな話をしたりゲームをしたりということもしてきました。やっぱり、できるだけ理解者を増やすってことが大事ですから」

## 人種によって対応が違う日本人

そんな石井さんが活動を続ける中で、もっとも胸を痛めるのは外国人による犯罪が起きた時だ。石井さんは2015年に熊谷で起きたある事件について触れた。30歳のペルー人、ナカダ・ルデナ・バイロン・ジョナタン容疑者が女児2人を含む6人を殺害したとされる事件だ。ナカダ容疑者が事件直前まで派遣社員として働いていたのは、群馬県のサラダ製造工場。カタコトの日本語しかできず、友人もいなかったという。また、彼の兄は17人を殺害した殺人犯だったが、来日してからは兄の事件が周囲にばれて離職した経験があると姉に打ち明けていた。さらに、「誰かに殺される」「誰かに追いかけられている」といつも怯えていたという。

事件の背景に何があったのかはわからない。そして6名の命を奪った罪は、あまりにも重い。石井さんは言った。

「もし、あの子に、あそこまでいかないうちに早く会えていたらと思います。本当は地域地域にこういう相談する場所があって、外国人が気軽に寄れて、母国語で母国の人と喋れたり、日本語を教えてもらえる場所があったらって思うんですよね。やっぱり母国語で自由に話せるって、すごく大切なことなんですよ」

しかし、おそらく彼にはそんな場所も、話せる相手もいなかった。兄の事件も彼の人生に大きな影を落としていたのだろう。

この国での外国人の孤立を思う時、思い出すのは06年、滋賀県長浜市で起きた、5歳の幼稚園児2人が殺された事件だ。殺人罪で逮捕されたのは、34歳の中国人の女性・鄭永善《ていえいぜん》。彼女は結婚仲介業者を通じて日本人男性と結婚。99年来日したものの、その後、精神的に不安定になっていったという。殺されたのは、彼女の長女と「グループ登園」をしていた園児2人。「幼稚園のお母さんとなじめない」と漏らし、逮捕後は「長女が仲間はずれにされている」と話したという。この事件では、結婚仲介業者に数百万円を支払って中国人女性を「嫁」として農村部などに迎えるシステムを「人身売買では」と問題視する声も出た。鄭には、無期懲役の判決が下っている。

石井さんは言う。

「あの事件が起きた日の朝早く、ここに中国の人から電話がかかってきたんです。『〈ふじみの国際交流センター〉、やめないで』って。『どうしたの、こんな朝早くから』って言ったら、『ニュース見た?』って。『見てない』って言うと、『中国のママが幼稚園に子ども送っていく途中、日本の子ども殺しちゃった。でもね、彼女はきっと寂しかったんだよ。今日何かがあったわけじゃないんだよ。ずっと何かがあったんだよ』って言うんです。『私たちは〈ふじみの国際交流センター〉に行けば、中国語で話せたり、外国人が好きな日本人がいて話ができるから、寂しい思いをしないで済む。だけど彼女にはきっといなかったんだよ』って」

彼女のように業者の仲介で結婚した中国人女性の中には、「ママ友ができない」「日本人の輪に入れない」などの悩みがあることも少なくないという。この手のことは、おそらく多くの日本人にとって一番「見たくない」ものではないのだろうか。貧しい中国の女性を、業者を通して「買う」嫁不足の農村。そして、フィリピン人の妻に飽きたら暴力を振るう男性。もちろん、幸せなケースもあるだろう。しかし、外国から嫁ぐ女性たちの孤立は、私たちが想像するよりずっと、深い。

石井さんはぽつりと言った。

「うちではシェルターを20年近くやってますけど、青い目の金髪の白人で、シェルターに入った人は1人もいないんです。だいたいフィリピン人とかの東南アジア。だから日本の男の人の多くは、白人の奥さんはいじめないんですよ。また、白人女性の多くには、英語の先生とかの仕事がちゃんとあるんです」

なんだか、この国の立ち位置をあまりにも象徴する言葉だ。白人女性はいじめない日本人。おそらくここに、日本の「差別」を巡るひとつの本質的な問題がある。

## 外国人犯罪は増えていない

そんな石井さんが目指すのは、外国人と顔の見える関係を作り、増やしていくこと。

「やっぱり外国人＝犯罪と思っている人がいますから、ここにも『なんでこんなことやってるんだ！』って怒鳴り込みに来る人がいたり、『死ね』とか『やめろ』とか汚い字で書かれた手紙がポストに入ってたりします。だけど、外国の人はみんなと仲良くなりたいと思ってる。だからせめて、地域に暮らす外国人とは顔の見える関係になりたいなって。顔が見えれば、悪いことはできないんです。

私は28年間やってますけど、外国人の方、お金借りに来ないですね。1か月くらいここに来なくて『どうしたの？』って聞いたら、『仕事がなくてお金がなかったから来られなかった』って。『言ってくれればいいのに』って言ったら、『普段こんなにお世話になってるのに、お金貸してなんて言えない』って。

やっぱり普段から顔の見える関係がいかに大事かって思います。そういう人をどんどん増やしたい。日本中は無理かもしれないけど、せめてこの地域からは外国人の犯罪をなくしたい。それくらいの欲張りばあさんなんです」

石井さんは悪戯っぽく笑った。

さて、先ほどから話に出ている外国人の犯罪。「凶悪化、急増」などというイメージがひとり歩きしているが、外国人犯罪は増えていないどころか減少しているし、彼らが日本人より凶悪犯罪を犯しているというデータはどこにも存在しない。

意外に思った人がいるかもしれないが、これが事実だ。いかにデタラメなイメージのもと、この国にまことしやかな嘘が蔓延していることか。

## 助けてもらった人が次の人を助ける

取材の最後、石井さんは「いい話もいっぱいあるんですよ」と顔をほころばせた。

「中学3年生で日本に来たA君っていう中国人の男の子がいるんですけど、最初は日本語がまったくできなかった。そんな彼の一家を、中国語ができる台湾人が世話してくれたんです。引っ越してきた時からA君のお父さんの仕事のことやA君の学校のこと、高校進学のことから何から、まぁよく面倒見たんですよ。その台湾の方は、A君にこう言ってくれました。『A君、あとから来た人がいたら、私がやったことを今度はA君がやってあげるんだよ』って。今、A君は20歳になりました。夜間高校を卒業して専門学校に行っています。そんなA君は、あとから来た中国人を、高校の見学に連れて行ってあげたり、学用品を買うのにも付き添ったりしています。『体操着』『上履き』とか言ってもわからないので、ついて行ってあげている。

そんなふうに、自分が助けてもらったからって、その後ボランティアをしてくれる人がいる。それが嬉しいし、そのうちあの子たちが日本で働いて、税金が払えるような大人になってほしい」

また、石井さんは外国人と交流することで、自分自身が「変わった」という。

「例えばカレーライスを作るのに、日本だったらこれとこれを入れるっていう決まりがありますが、なんだ、これを入れてもいいのか、みたいな発見がありますね。考え方の制限がなくなる。物事の基準が一つじゃなくなる。そうすると、違う景色が見えてくるんです」

「カレーライス」という、石井さんらしい喩えが微笑ましい。

「自分自身が変わっていく面白さ、興味深さ。いろんな部分が違う人と触れ合ってみると、いろんなものが見えてくるし、いろんな体験ができる。ショックなこともありますけど、それ以上に感動があります。28年経ってもやめないのは、その面白さですね」

68歳の石井さんは、同世代の友人に「キョウイクとキョウヨウがある」と言われると言う。「教育」と「教養」ではなく、「今日、行くところ」と「今日、用がある」という意味だそうだ。

「みんなにもやってもらいたいな。お金にはならないけど、もっと楽しいことがありますよ。病気になって寝込む暇がない（笑）」

石井さんはそう言いながら、「そうそう、明日、シェルターにDVで逃げてきたフィリピンの親子が入るの」と忙しそうな様子だ。

〈ふじみの国際交流センター〉には、優しいおせっかいが溢れている。

そしてそれが、実際に人々の生活や命や未来を支えている。

すごいことをしてるのにちっとも偉そうじゃない石井さんの人柄に触れて、私ももう少し、「おせっかい」をしてみようと思った。

（参考）

●ふじみの国際交流センター（お問合せ・寄付など）：http://www.ficec.jp

# 6 原発避難者の今

## ――「原発はもう安全」というストーリーが生み出す〈貧困〉

「仮設・5年で190人孤独死――年々増加・7割が男性」。2016年2月18日の『朝日新聞』朝刊1面トップの見出しである。記事は、「近所づきあいに勝る『見守り』はない」と結ばれていた。〈孤独死〉と〈近所づきあい〉という言葉のギャップ。約10年前の北九州市での餓死事件を思い出す。

翌19日、同新聞の1面トップは「自主避難・東電に賠償命令」。福島県から京都市に自主避難した夫婦が、約1億8千万円の損害賠償を東電に求めた訴訟の京都地裁判決。自主避難者への賠償が裁判で認められたのは初めてだ。

あの日を境に、家を、コミュニティを、そして仕事を、当たり前の日常を奪われた人たちの現実が迫ってくる。私たちの多くは、あの日の悲しみや怒りを忘れてゆく。そして、その日から今までの長い長い時間へと思いをはせることもまた、忘れ去っていくのではないか。

本章では、〈原発はもう安全〉というストーリーの中、「勝手に逃げたまま」とされ、まるで棄民のような扱いだと感じているご夫婦にお話を伺った。

## 「勝手に逃げた」自主避難者たち

東日本大震災から、もうすぐ6年が経とうとしている。

今も多くの人が仮設住宅に暮らし、避難生活を強いられている。

津波で家を流された人、地震で家が倒壊した人。そして、原発事故によって住み慣れた故郷に戻れない人——。

現在、原発事故によって避難している人の数は福島県だけで10万人近く。その中でも光が当たりづらいのは、避難が強制される地域以外から避難している「自主避難」とされる人々だ。福島県の推計では約7000世帯、約1万8000人に上ると言われている。ちなみに自主避難という言葉には「勝手に逃げた」「自己責任」というニュアンスが感じられるため、当事者の多くは抵抗を感じ、みずからを「自主避難」ではなく「区域外避難」と呼んでいる。

強制避難（区域内避難）の人々には月10万円の賠償金が支払われているが、区域外避難の人々には支払われていない（強制避難の人々に支払われている賠償金も、現在次々と打ち切られているのだが……。詳しくは後述）。そんな中、多くの人がみずからの貯金を切り崩し、ある人は福島の自宅のローンの支払いを続けながら、またある人は妻子が避難先、自分一人が福島、という二重生活を続けながら、事故前には想像もつかなかった暮らしを強いられている。そんな生活が、実に5年以上。住む場所や仕事や土地を失いながらも、賠償金のない区域外避難者の生活は、長引けば長引くほど厳しくなるばかりだ。

しかしひとつ救いなのは、強制避難、区域外避難に限らず、避難者には住宅が無償で提供されてきたこと。自治体が借り上げた公営住宅などに無償で住むことができたのだ。こういった住宅を「みなし仮設住宅」と言う。

が、15年6月、福島県は、区域外避難者への住宅の無償提供を17年3月末で打ち切るという方針を決めてしまう。当事者の意見も聞かず、突然の決定だった。福島県は打ち切りの理由として、インフラ整備や除染が進んだことを挙げている。

「でも、もう5年以上経ってるし、復興も進んでるっていうし、除染もできてて安全なら、戻ればいいんじゃない？」

そんなふうに思う人もいるだろう。

では、現実はどうなのか。国の言う「安全」は、どこまで信用できるものなのか。そしてなぜ、国は「避難住宅からの追い出し」という形で帰還への圧力をかけ続けるのか。

本章でご登場頂くのは、「避難住宅から追い出さないで！」と声を上げるご夫婦である。

夫の鴨下《かもした》祐也《ゆうや》さんは、避難者によって作られる「ひなん生活をまもる会」[*1]代表、また、国・東電の責任を問う福島原発被害東京訴訟[*2]の原告団長。現在、都内のみなし仮設住宅で暮らすご夫婦は、震災当時、子ども2人と妻の父親とともに福島県いわき市で暮らしていた。

あれから、もう6年。あの日から、一体どんなことがあって「みなし仮設」に辿り着き、そしてどのように暮らしてきたのか。そして今後の課題や国、福島県、東電に対する要望など、お話を伺った。

## ラジオから流れる不安な報せ

現在、祐也さんは47歳。妻の友子さん（仮名）は45歳。中学生と小学生の子どもがいる。

2011年3月11日、震災の瞬間を祐也さんは、勤務先の国立福島工業高等専門学校（いわき市内）で迎えた。理系の大学に進んだ祐也さんは、この学校で生物を教えていたのだ。

ちなみに当時、主婦をしながらパソコンの講師をしていた友子さんも祐也さんと同じ大学を卒業。大学時代に出会った2人は、学生時代、DNAの研究などを通して放射性物質を扱っていたという。今でいう「ガラスバッチ」をつけ、放射線管理手帳に被曝量を記録しながらの研究。夫婦ともども「放射能の知識が若干あった」ことが、まさか原発事故後に役に立つとは当人たちも想像しなかっただろう。

そんな祐也さんが地震の揺れの中でまず頭に浮かんだのは、原発のことだったという。

「これ、原発の配管切れたんじゃないか、制御棒、本当に入っただろうかって、真っ先に気になりました」

揺れによってボロボロ落ちてくる天井材を頭に受けつつ、巨大な原発が少しずつ破壊へと進んでいくイメージが頭を離れなかったという。

学校があった場所は、福島第一原発から約40キロ。第二原発からは約30キロ。屋上に上がり、煙などが上がっていないか確認したが、その時点では何も見えなかった。テレビでは原発が停止したことを伝えていたのでほっとしたものの、「冷やし続けられるのか」という不安を抱えながら帰宅した。

一方、友子さんは当時小学2年生だった長男といわき市内の自宅に入るところで地震に襲われた。「とにかく早くお爺ちゃんと次男を迎えに行かなきゃ」。そのことで頭が一杯だった彼女は、原発のことは頭になかったという。3歳の次男がいたのは保育園。一方、友子さんの父である「おじいちゃん」はその日、駅前のビルでよりによって「遺言書の書き方の講習会」に出席していた。アルツハイマー病の症状があるので、とても一人で帰ってくることはできない。友子さんは2人を迎えに行くため、長男とともに車で家を出る。保育園は地震で傾いていたものの、次男とはすぐに会うことができた。が、おじいちゃんを迎えに行った駅前は、そこらじゅうの建物から避難してきた人たちでごった返していた。

探しても探しても見つからないので一旦家に戻り、再び探しに行くと、今度は奇跡的に発見できた。帰宅困難者の群れの中、おじいちゃんは中学生の女の子たちと一緒に歩いていたのだ。聞けば、おじいちゃんをフォローしつつ歩いてくれていた中学生の女の子たちは、20キロほど先のそれぞれの自宅まで歩いて帰るという。それを聞いて心配になった祐也さんは、車で彼女たちを送っていくことにした。

普段であれば片道30分ほどの道だ。しかし、震災直後の道は恐ろしく渋滞していた。祐也さんは振り返る。

「海沿いは津波でやられてるし、そっちじゃない道も詰まってて。出発したのは夕方5時過ぎだったんですが、家に戻ったのは深夜0時過ぎでした。別に避難しているわけじゃなく、帰宅するだけで大渋滞。もし、これで原発がイカれたら避難できないなって実感しましたね」

また、中学生を送った帰り道、車の中で聞いたローカルラジオの情報も不安に拍車をかけるものだった。

「夜の10時頃、ラジオから『原発周辺3キロの方は、放射能漏れはありませんが、念のためマスクや布で鼻と口を覆って避難してください』ってちょろっと流れたんです。これは原発、正常に冷やせてないんだなって思いまして。それじゃあ、自分たちのところまで避難しなくちゃならなくなる前に出なきゃと。その時点で、避難しようと私の中で決めました。ただ、道が本当にひどい。走ってみてわかりました。高速は使えない。国道6号線は使えない。海沿いは使えない。山越えなきゃいけないけど、雪も積もっていて凍結もしているし、山が崩れている可能性もある。なので、明るくなってから避難しようと決めました。ただ、妻には反対されると思ってました。道がひどいのに避難できるのか、途中で野宿とかになったらどうするのかって」

しかし、友子さんは避難に反対しなかった。彼女は言う。

「停電で電気が切れてて、オール電化の家だったからガスも出なくて、家の中が氷点下だったんです。おじいちゃんはガタガタ震えてて、このままじゃ肺炎になっちゃうって。とにかくおじいちゃんが生きてるうちに、横浜のお婆ちゃんのとこに連れていかなきゃって思いがあったので、原発のことよりもまずそれでした」

## 着の身着のままの〈仮暮らし〉

そうして3月12日、朝5時。夜明けとともに家族5人を乗せた車はいわき市を出発した。向かったのは、友子さんの実家がある横浜。この日は土曜日。遅くとも学校が始まる月曜日には戻ってくるつもりだったので、下着などの着替えは1日分しか持たなかった。

「次の日に戻る予定でいたんです。ただ、一応町会の班長さんと子ども会の集団登校の班長さんには『もしかしたら月曜日に帰ってこられないかもしれない』とお手紙を書いておきました。でも、その時は本当に、土日で戻ってこれると思ってたんです。なのに、結果的にそれっきりになってしまった……」（友子さん）

横浜に向かう途中、原発が爆発したからだ。一報を聞いたのは、栃木県まで来た辺りだった。

「ラジオから水素爆発って聞こえてきて、映像がなかったので余計に想像してしまって、でも水素爆発というのは嘘で、実は再臨界の核爆発だったんじゃないか、もう原発は粉々になってるんじゃないか、いわきでも急性の被曝症状が出ているんじゃないかと悪い方にばかり想像して、生きた心地がしませんでした」（祐也さん）

そうして一家は19時間かけて、横浜の友子さんの実家に到着。

その時点で、福島はライフラインの復旧だけでも1か月かかることがわかっていた。が、実家にはそんなに長くお世話になれない。友子さんの父はアルツハイマー病を抱えていたし、母も病身だった。とりあえず2泊し、それ以降は都内でアパートを借りたという。

1日分の着替えだけを持ち、文字通り着の身着のまま出てきたので、生活用品は何もない。リサイクルショップで家具などを買い、仮の暮らしが始まった。この時点で、夫婦は自分たちが「避難所に入れる」ことなど想像もしなかったという。

次にすべきは学校の手続きだ。

被災した地域の学校は避難所になるなどして休校になっていたものの、東京の学校は通常通り授業が行われていた。長男は小学2年生。区役所で事情を話し、いわき市役所に電話してもらったものの、役所の職員も被災し、建物も一部立ち入り禁止の状態なので電話は繋がらない。しかし非常時の対応として、転出手続きのないまま臨時の転校の手続きをしてもらった。当然、教科書も何もない。「鉛筆3本で来なさい」と言われ、長男は都内の学校に通うことになる。

## 「大丈夫」というストーリー

こうして長男は東京の学校に転入したわけだが、いわきの学校が再開となる数日前、生徒たちの保護者には「学校が再開されることになったけどどうされますか」という電話がかかってきたという。すでに転入手続きを済ませていた鴨下さんたちは事情を説明したが、この「学校からの電話」によって、避難していたもののいわきに戻った家族は多いという。帰還を促すような電話だったからだ。

「たぶんどこかから、『戻ってきて下さい』って言うように指示が出ていたと思うんです。『避難先の学校に行くか戻ってくるかどちらかにして下さい』って言えばいいのに、避難先の学校に行くっていう選択肢は示されなかった。『帰ってこないと、あなたは親として義務を果たしていませんよ』ってプレッシャーをかけてくる。避難先の学校に行かせるなって指示が出ていたと思います」

祐也さんは言う。

ちなみにこの電話があったのは、震災から1か月も経っていない頃。なぜ「帰還」を勧めるような電話が学校によってもたらされたのか。

背景には、34万人都市であるいわき市の安全性を示す意味もあったのではないか、と祐也さんは見ている。

「いわき市は一部が30キロ圏内にかかっているので、屋内退避の区域に指定されそうになったんですけれど、いわき市長がそれに反対して、区域から外させたんです。それでいわきは一切放射能の害を受けていないという形を作った」

こうして、震災後のきわめて初期に、「大丈夫」というストーリーが作られていったようだ。

また、学校再開後、いわきの小中学校の先生たちと話した祐也さんは、「混乱の中、自分たちが頑張って予定通りに学校を再開したから、街が活気を取り戻した。子どもの姿も子どもの声も消えていた街で学校を再開したことが、商店や物流を含めた復興の起爆剤になった」という先生たちの声を聞いている。学校の再開が、「大丈夫」というストーリーを更に補強しただろうことは想像に難くない。

ちなみにいわき市では3月18日の時点でヨウ素剤が配布されている。友子さんのもとには、「飲んでいいのかな」と、それを受け取った知り合いの女子高生から電話がかかってきた。

「『今飲まないでいつ飲むの』って言ったら、『市長が指示するまで絶対飲んじゃダメ、すごい副作用が出るって言われてる』って言うんです。薬の袋にも『副作用が出るので指示が出るまで絶対に飲まないでください』って書いてある」

結局、せっかく配られたヨウ素剤を飲めという指示は出なかった。

またその頃、祐也さんと友子さんはフランスの気象シミュレーションをチェックし、風向きを確かめ、いわきに残る友人知人たちに避難を呼びかけていた。

「ほとんどの風が西風で海に抜けてたんだけど、いわきの方に吹く予報が出たことがあって、『逃げて』って友達に呼びかけました。それで逃げた友達もいたけど、ほとんどが怒っちゃって。『いわきはなんともないって言ってるよ』『だってなんにも光ってないよ』、そういう言い方をするんです。その頃はまだ放射能って、原爆のピカドンのイメージだったみたいで」

## 生徒による〈除染〉作業

そうして4月6日、いわき市内の学校は再開された。再開と同時に、今から考えると信じられないことが起きた。震災以降初めての登校日に「大掃除」が行われたのだ。生徒による「除染」である。

祐也さんは言う。

「全市の学校で、大掃除がありました。地震があってからそのままなんで、上から物がいろいろ落っこちてきてる。で、使ってないから埃も溜まってる。その埃が放射性物質。しかも一番濃い時の一番危険で細かい状態のものです。学校はそこで子どもたちに掃き掃除をさせたんです。飛んできてそのままだから、一番危険な状態のものです」

3・11から1か月も経たない当時、「除染」という言葉はまだなかった。

大掃除が行われることを前もって知っていた祐也さんは、教育委員会に「生徒に大掃除をさせることがいかに危険か」を訴えた。根拠はあった。この頃、福島と東京を行き来していた祐也さんは、自宅の床を掃除したモップを学校の測定器で測ったのだ。原発事故を想定し、閉め切っていた家の中を掃除したモップからは、高い数値の放射性物質が検出された。

「まさか閉め切った家の中で出るはずはないだろうと思って測ったら、ビービー鳴っちゃって。これはダメだと。あれだけ閉め切ってた家の中に入ってきてるんだったら、開放に近い学校の中は外に近いくらいの放射性物質が落ちてるはずだと」

祐也さんが勤める高専も、避難所に指定されていた。

よって校長にかけあい、彼の勤める高専には、学校再開前に業者の掃除が2度入り、また、生徒が掃除をする時のための使い捨てのお掃除シートを購入してもらうという対策ができた。震災前まで長男が通っていた小学校にも事情を話すとすぐにわかってくれて、「生徒による除染」は防げた。しかし、教育委員会にも訴えたものの、委員会はそれを周知せず、それ以外の学校では大掃除が行われてしまったという。

友子さんはその頃のことを振り返りつつ、言った。

「今だとセシウムっていう粉があって、土や草をどけて除染するって浸透してるけど、当時は『なんで掃除と放射能が関係あるんだ』って言われたんです。放射能って、エックス線みたいなもんなんだろうと。それと掃除って言っても結びつかない。光ってないし大丈夫だよ、なんでこの人掃除嫌がるんだろ、埃嫌ってるんだろって反応でした。『除染』という言葉が出てきてから、やっと理解されるようになりましたが」

## 生徒の突然死、二重生活の限界

学校が再開してから、祐也さんは平日はいわき市の高専で仕事をし、週末は東京に住む妻と子のもとに通うという生活が始まった。

そうして4月、家族は避難所に指定されていた東京の赤坂プリンスホテル・通称赤プリに入ることになる。3月で営業が終わり、6月末に取り壊しが決まっていた赤プリは、強制避難の人々に避難所として提供されていたのだが、そこに「区域外」から避難している人も入れることになったのだ。

ゴールデンウィークが始まる頃、家族は赤プリに入居。祐也さんは変わらず週末には東京へと足を運ぶ生活を続けていた。

友子さんは当時の思いを振り返る。

「そこにいられるのは6月末までって最初から言われてたんですけど、正直、そこまでいなきゃいけないとは思ってなかったんです。いつもそうなんですけど、逃げる時は明日戻れると思ってた。でも、逃げてる途中で原発が爆発して。ライフライン復旧まで1か月って言われたら1か月後に戻れると思って。その後で、ヨウ素が出てるってわかって。でも、ヨウ素だったら半減期が短いので、6月には1000分の1になる計算です。じゃあ6月までここにいられれば、ヨウ素がなくなるからいわきに戻れると思ってた。ところが、4月になってから、セシウムが出ていてそれがかなりの量、いわきに届いていることがわかりました。要は半減期が長いんです。セシウム134が2年間。セシウム137が30年間ですから。減り方が全然違う。6月末までいても放射性物質はなくならないっていうのがわかってきて、だんだん延びていった。

4月の頃はいわきの友達と連絡取りながら、『いつ帰ってくるの、もう帰ってこないんじゃないの』って言われると、『そんなことないよ、すぐ帰るよ、だって家もそっちにあるし片付けもしてないし』って、本当に帰る気でいたんです。だって断水してたし停電してたから、使ったお皿もそのままで。本気で帰る気だった。嘘つく気なんてまったくなかった。でも、だんだん話が違ってくるっていうか。そっか、セシウムってなくならないんだなって……」

そうして友子さんが長期の避難を覚悟しつつある頃、祐也さんの学校の生徒が突然死するという悲劇が起きる。死因は不明。おそらく、16歳か17歳。前日まで、元気に部活動に励んでいたという。もちろん、原発事故との因果関係などは証明する術もない。

生徒の突然死。

そして、平日は通常の仕事だけでなく震災関係で増えた仕事もこなし、金曜の夜にいわきを出て250キロ離れた東京の赤プリに向かい、日曜の深夜にいわきに戻る祐也さんの生活。肉体的にも精神的にも限界だっただろう祐也さんは、その頃、交通事故を起こしている。計画停電で電気が消えた首都高で、雨の夜、スリップして車を横転させてしまったのだ。後ろのトラックが止まってくれたので一命をとりとめたものの、乗っていた軽自動車は廃車。生まれて初めての交通事故だった。

その年の夏、祐也さんの精神は更に追いつめられていった。

それは宿直があった日のこと。生徒が亡くなった寮から、人の声が聞こえてきたように感じたという。その部屋にはその時、担当の先生がいるはずだった。不思議に思って窓を叩いても返事がない。もしかしたら、中で人が苦しんでいるのかもしれない。このまま放っておいたら死んでしまうかもしれない。焦った祐也さんは、更に窓を叩く。このままでは埒があかないのでシャベルで叩き割るしかない。そう思いながら素手で力一杯叩いたら、窓を割ってしまったのだ。結局、中には誰もいなかった。両手とも、3針縫う怪我をした。

それ以来、祐也さんは宿直ができなくなった。

友子さんは言った。

「だんだん髪の毛減ってくるし顔色悪くなってくるし、本当に心配でした」

また、原発事故は祐也さんがそれまでしていた研究にも大きな被害を与えていた。

事故前、高専で祐也さんは水耕栽培で美味しい野菜を作る研究をしていたという。いわきのいい空気といい水といい気候でできた高品質の苗をブランド化し、プレミアム感を持って買ってもらえるよう、マーケティングも考えていた。高専の屋上ではすでにブロッコリーを栽培しており、翌年からは大量生産することも決まっていたのだ。実用化を目指す研究は、学生たちとともに進めていた。自慢の「安心できる美味しい野菜」だ。しかし、原発事故によって、構想は吹き飛んでしまった。

## 「今戻ったら、みんな許してくれるよ」

そうして事故から1年7か月後の12年10月、祐也さんは高専を退職し、一家は東京で一緒に暮らすようになる。退職後の仕事は、大学の非常勤講師。以前は安定した収入だったが、今は不安定な上、事故前より収入は減ったという。

住まいはというと、すでに友子さんと子どもたちは赤プリを出た後、短期間のホテル住まいを経て、11年夏の時点で都内のみなし仮設住宅に入居していたので、祐也さんもそこに住むことになった。今も家族が暮らし、まさに追い出しがかかっているのがそのみなし仮設住宅だ。取り壊し予定だった建物は老朽化しているが、ここを追い出されてしまったらどこに行けばいいのか。そしてそれは、鴨下家だけの話ではない。区域外避難中の多くの人が追い出しに怯えている。

「やっぱり二重生活の人が多いので、光熱費は当然、倍かかるし、向こうのローンや家賃もある。あとは往復交通費。ガソリン代も、200キロあるからバカにならない。みんな貯金切り崩して避難してます。マイホーム買うために貯めてたお金切り崩してとか」

友子さんの話に胸がつまる。

避難生活を続ける鴨下家に今まで国から支払われたお金は、大人一人につき12万円。子ども一人につき60万円。一方、今も避難が強制される地域の人には月々10万円が出ている。

「賠償金貰えてる人に対して、みんないいなって言うけど、もともと交通事故で働けなくなった人とかを基準にした額なので、彼らは決して法外な額を貰ってるわけじゃないんです。家と町と職を奪われた損害に対しての当然の金額が払われている。むしろ避難区域から外側の人に正しい額が支払われていないので、貰ってる人が法外な額を貰っているような誤解がある」

そう友子さんは言う。が、やはり賠償金を貰えている人と貰えていない人という線引きは、多くの分断を生み出してもいる。一方で、避難した人と避難していない人の間にも、軋轢が生まれてしまうことがある。経済的な理由もあれば、介護などでどうしても今住んでいる場所を離れられないという人もいる。家族の理解が得られないという理由もある。

友子さん自身も、「避難したことを非難される」ような言葉に苦しんだことは一度や二度ではない。一旦は避難したものの、いわきに戻った友人から、「今戻ったらみんな許してくれるよ」というメールが届いたこともあるという。

「許す許さないとか、避難がなんでそんなことなのか、ショックでした。みんなの前で土下座して謝れってことなのかしらと思ったり。でもいろんな誤解があって、避難した人はお金が貰えてるらしいとか、そういう勘違いもあるみたいです」

一方、区域外から避難してきた人の中で少なくなかったのは、子どもの鼻血が避難のきっかけだったという人だ。漫画『美味しんぼ』が放射能と鼻血の関係について描き、それがSNSなどで大炎上して以来、タブーとなった感がある「鼻血」問題だが、実際、赤プリではママたちの間で鼻血が話題になることが多かったという。

「赤プリにいた頃は、避難のきっかけが鼻血だったたって話はよく聞きました。赤プリの地下にランドリーがあって、そこで『手洗いしてからじゃないと鼻血って落ちないよね』って普通に話してました。30分止まらないって子とか、両鼻一緒に出るとか、押さえてると口からでろっと血が出るとか。心配になって病院に行くと『白血病の鼻血はこんなもんじゃないんです!』ってお医者さんにすごい怒られたって話とか。こっちは白血病なんて言ってないのに……。そういう話を聞いてたので、『美味しんぼ』事件で環境大臣まで出てきて『そんな嘘をつくな』って言った時、私たちが見たこと、嘘扱い?って思いました」(友子さん)

まるで、原発事故そのものを「なかったこと」にしたいかのようだ。

「それまで、『原発は安全』って言ってたわけですよね。でも原発が爆発してからは、『放射能は安全』ってことになりましたね。大したことないとか、少し浴びた方がいいんだとか。数字がどんどん変わっていく。前は100ベクレルが廃棄物として専用のドラム缶に入れてたのに、今は8000ベクレルないとそういう扱いをしていない。100ベクレルだったら、下手したら食べてしまう。8000ベクレルのものが隣に積み上ってる状態で学校再開しちゃうとか。同じ国民なのに、この差はなんなのか」（友子さん）

## 魔法が生み出す〈貧困〉

友子さんにとって今辛いのは、福島の人からも、東京の人からも「戻れ」という圧力を感じることだという。

「みなし仮設は無償提供を打ち切るって言うし、東京の人からも、『あなたたちいつ戻るの』って平気で言われてしまう。こっちが『いつになったら戻れるんですか』って聞きたいくらいです。それなのに、『いつまでも税金で遊んでるな』とか言われて」

ここで、友子さんは1枚の資料を見せてくれた。〈いわき放射能市民測定室たらちね〉が、15年の10〜12月に測定した掃除機のゴミの放射能数値だ。それによると、15年12月の段階で、もっとも高い値が1万ベクレル／kgを超えている。

「家の中の掃除機のゴミが、1万ベクレル／kg、5000ベクレル／kgあるんです。子どもたちがくつろぐカーペット。5年経ってもこんな数値が出ている。一体、5年前はどうだったのか」

そもそも国は、避難者に追い出しまでかけて、なぜ帰還させたいのか。

「結局、避難住宅を出た途端に、その人は避難者じゃなくなる。ただの移住者になるんです。統計上ゼロになる。だからとにかく出したいんじゃないかな。国はオリンピックまでにみんな切りたいみたいな話をしてたので」

２０２０年のオリンピックまでに避難者をゼロに。その目標を叶えることは簡単だ。全員、避難住宅から追い出せばゼロになるという「魔法」があるのだから。

「でも、家失って生業失って町失って、今仕事もない人たちが追い出されたら貧困ですよね。国家的に、ものすごい貧困を生み出すことになってしまう」

友子さんが言うと、祐也さんも続けた。

「事故前は自立できてた人たちが事故で自立できなくなっている。そこで更に家まで取り上げて貧困を増やそうとしてるってことですよね」

また、避難が強制される区域も現在どんどん狭められているため、今まで支払われていた賠償金も次々と打ち切られている状態だ。住む場所や家や土地や仕事を奪われ、人生そのものを破壊され、慰謝料として支払われていた10万円。その賠償金も、被害が回復されたわけでもないのに打ち切られているのである。祐也さんが続ける。

「最初は強制避難で賠償金が出てたけど、避難指示解除になったところは賠償金はとっくに打ち切られてるんです。だから最初は強制的に避難させられたのに、途中から自主避難になった人もたくさんいる」

他にも、避難者が貧困に陥る理由は多くある。そのひとつは「離婚」だ。

「ご主人が避難に賛成じゃなくて離婚という人もいれば、離れて暮らしているうちに心も離れてしまうとか。あと、ご主人が家族に会うのに時間と労力がすごくかかる。でも家族は被曝するから会いに帰ってこない。家族のために働いてただお金を渡すだけみたいな存在になってしまう。そのことについて親戚から『あの嫁は逃げたきり帰ってこない』『子ども連れて東京暮らしが気に入ったから帰ってこない』って言われたりとか」（友子さん）

しかも、野菜や魚をゆずり合うこともよくある福島の生活と違って、東京で暮らすとどうしても生活費は上がってしまう。そのことが、「贅沢をしている」と誤解されることもある。

また、離婚となると、働き手からの送金が途絶えてしまうことが多い。「帰ってきてほしいから母子への仕送りを止める」ケースもあるという。

全国で母子で避難生活を続ける母親の中には、離婚後、がむしゃらに働いて子どもを育て、ある日ぷつんと張りつめていた糸が切れるように起きられなくなってしまう人もいるという。母親が動けなくなってしまったら、あとは所持金が目減りしていくだけだ。幼い子どもを抱えてうつ病などになり、生活保護を受けざるを得ない人も出ているという。今、国が進めていることは、原発事故でたくさんのものを失い、新たな困難の中でなんとか生活を再建させようとしている人々の生活の基盤＝家を奪おうということだ。友子さんが言う。

「特に、自分の家を一度津波で奪われている人もいるので、そういう人は、もう一回奪われるのがすごい恐怖なんです」

鴨下一家はいわきの自宅を出てから、実家、都内のアパート、赤プリ、そして短期間滞在した都内の南青山のホテルと、４か所を転々とした後、やっと今のみなし仮設に辿り着いている。多くの避難者も、いくつもの避難所などを経由してやっと今の住処に辿り着いているのだ。就学年齢の子どもがいたら、そのたびに転校ということになる。また、２０１７年3月以降、自分たちがどこに住んでいるかわからないという状態は、子どもの進路や就職にも圧倒的に不利だ。

## 〈棄民〉というストレス

夫婦は事故当時、建てて11年目だったいわきの自宅のローンを今も払い続けている。が、事故は収束せず、今も続いているので戻ることは考えられない。高濃度汚染水もコントロールできず、核のゴミも増え続けている。友子さんは、国と東電の責任を問う裁判で、以下のように意見陳述した。一部引用する。

「例えば内部被曝だけを考えても、今でもいわきには、多くの脅威が残されています。舞い上がる汚染された土、がれきの処理による塵の飛散、除染による土煙り、そしてゴミを燃やす度に増える高い線量の灰。いわき市内の2つの清掃センターには、今では放射能マークが貼られていて、その敷地内には、高線量の灰が入った、大きな黒い袋が無数に積み上げられています。壊れた原発の近くに住むということは、呼吸をするだけで、このような危険に子どもを晒し続けることに他なりません」

区域外避難者たちへの住宅提供を打ち切る代わりに、福島県が用意した支援策はあまりにも貧弱だ。福島に戻る場合のみ引っ越し代として最大10万円を補助（福島県以外への転居には引っ越し代は1円も出ない）。避難を続ける低所得世帯が民間賃貸住宅へ入居した場合の家賃補助（1年目は月3万円まで、2年目は2万円まで、3年目以降はなし）――。加害者は国と東電なのに、あとは勝手にしろ、という扱いである。

友子さんは言う。

「賠償金を貰ってる方は、それを貯めて中古の家を買って避難住宅を出ていったりしています。賠償金が正しく払われていたらそうできる。でも、区域外避難は違う。6年目にして残っている方は、出ていくだけのお金がない」

また、みなし仮設住宅の提供は災害救助法に基づいているのだが、自然災害を想定した現在の法律は、実態に則していない部分も多いという。

「今のみなし仮設だって、選んで入ったわけではなく、指定されて振り分けられたんです。それに、今の災害救助法の運用では、一度入ると引っ越しできない。自然災害だったら、長期避難の必要はないということなんです。被災が続くっていう前提じゃない。だけど、原発事故は今も続いているし、撒かれたものからの被曝は今も続いている。6年前のことではなく、今現在、被災が続いている。なのに『もう6年だから出てって』なんて……」（友子さん）

「でも、除染してだいぶ数値下がってるんじゃないの」と素朴に思う人もいるだろう。が、現実は違う。

「数字が下がったって言いますが、除染して下がったわけじゃないんですよ。半減期で下がっただけ。ヨウ素は最初の6月にほぼゼロになりますよね。1000分の1。セシウム134は2年で半分に、4年経つと4分の1、6年経つと8分の1になります。減り方がだんだん鈍る。更にセシウム137は30年経たないと半分にならない。ほとんど同じ量です。300年経って1000分の1です。なので、この6年間で減る分は減り尽くして、これから先ほとんど変わらない。ところが、数値が下がったのが除染の効果だとみんな思ってません？」（友子さん）

「もともと政府が示してた、除染したらこれくらい減るはずだって数値が、その間の減衰を見込んだ数値で、ほとんど除染の効果を見込んでないんです」（祐也さん）

そんな除染に今、多くのお金が流れている。末端の除染作業員に入ってくるお金は微々たるものだが、大手ゼネコンは確実に除染で潤っている。その一方で、区域外避難を続ける人々は住む場所を追われようとしているのだ。

友子さんは溜め息まじりに言った。

「棄民のストレスですね。国や県が何か言うたびに、すごく裏切られたような気になります。議員の方にも今までいろいろ訴えてきたんですが、1年ごとに冷たくなっていくのを感じます。私たち避難者は、黙ってしおらしくボロを着てればいいけれど、口を開いた途端に、税金泥棒とかワガママと言われてしまう。みんながこのままじゃ大変だから国に意見しているだけなのに」

## 「原子力ムラ」の科学者たち

祐也さんは、みずからも理系の大学を出て研究してきた立場として、アカデミズムの世界に言いたいことがあるという。

「避難者叩きの背景には、科学的な立場にある人が、科学的な発言をしなくなっていることがあると思います。気休めであっても科学的でなくても、福島県に住んでいる被害者の藁にもすがる思いに応えて、福島に住み続けている人が言ってほしいと思っていることを学者が言っているように思える。

実際に『原発と人権』というシンポジウム（2012年4月7～8日）では、福島大学の清水修二氏が『福島に住んでいる人のことを考えて発言すべきだ』と言い、被曝の危険性と避難の必要性を指摘した議論に水を差しました。学者の学問的発言に対して、あたかも学問的知見からの発言であるように見せて、専門外の医者が専門家を『似非科学者』と批判する論説を書いたりもしています。また、福島県立医科大学には『ミスター100ミリシーベルト』と言われる山下俊一氏もいます。責任ある立場の科学者や学会が科学的発言をせず、原子力ムラに都合がいい世論を放置した結果、被害が隠蔽、矮小化されています。そのことが避難者を早く帰したり、原発を再稼働させたり輸出したりに直結している。

「原子力ムラ」が、福島に住む人々を思う世論を巧みに絡めとって、まともな議論を抑えてしまっている。そして、政府も県も原子力ムラもその周辺の学者も、この異常なバランスで安定してしまった。だからこそ、避難している人たちは論理的な後ろ盾がないような状態なんです。逆に、復興とか経済的な復活にはいろんな学者が動いてお金も流れている。放射性物質をこねくり回す研究（減容、再利用）で稼いでみたり、植物工場に税金投入して破綻してみたり、世界的にも類を見ない放射性廃棄物焼却設備に多額の税金を投入してみたり、凍土壁や原子炉観察ロボットもそれですね。自分もアカデミズムの世界にいたので、この異常な変化を不気味に感じます。

世論や政治が岐路に立った時、学問的視点から『このように解釈できる』『こういうことが予測される』と発信することが、本来アカデミズムに期待される役割なんだと思います。しかし今やアカデミズムが機能不全どころか、世論や政治を科学的視点とは別の方向にねじ曲げる力を発揮しているようにしか見えません。3・11前までは、広島や長崎やチェルノブイリの調査をして学問的知見の蓄積を持った学者が、事故以降、前と全然違うことを言っている」

放射能について、以前から知識があった祐也さんのこの指摘に、原子力村ムラに取り込まれた学者たちはどう答えるのだろう。

## 「ぼくたちのなくしたもの」

事故から2年後の13年、自由民主党の高市早苗氏は「原発事故で死者は出ていない」と発言し、大きな批判を浴びた。「原発さえなければ」と書き残して自殺した牧場主もいれば、原発事故によって避難した人の中から多くの災害関連死が出ていることは周知の事実だ。

また、原発の近くでは、放射能によって自衛隊が救助に入れず、生存者がいるとわかりながらも泣く泣く避難してきた人々もいる。

「原発の近くにも津波が来てるんですが、海の方から『助けて』って声が聞こえてるのに、『避難しろ』ってバスに乗らなきゃならなかった人たちもいます。この前、鬼怒川が氾濫して、自衛隊がヘリで救助してましたよね。あの映像を見て津波を思い出した人も多くて。でも、『助けて貰えていいな』って。『みんなあんなふうに助けて貰えると思って待ってたんだよ』って。みんな、助けに来てくれるはずだって、信じて待ってたはずです。でも、原発に近かったせいで見捨てられてしまった」（友子さん）

自衛隊が入れなかった地域でのちに発見された遺体の中には、木にしがみついたまま凍死している人もいたという。溺死ではなく、凍死だ。ということは、救助にさえ入れていたら助かった命は多くあった。

「家族は、行けてさえいたら助かってたんじゃないか、って気持ちを持ちながら生きるのは辛いですよね。……本当に、原発さえなければ」

友子さんは言った。

鴨下さんたちは現在、「避難用住宅の提供打ち切り撤回と、避難用住宅の長期無償提供を求める署名」*3を集めている。ここまで読んで、彼らの思いを受け止めてくれる方は、ぜひ、署名してほしい。彼らを見捨てる社会は、次の災害や原発事故の被害者を見捨てる社会ではないだろうか。

友子さんは言う。

「災害救助法は、被害が継続する原発事故には不十分なものです。が、この法律には、2017年3月以降、避難住宅の無償提供が延長できなくなるような限界も根拠もないんです。原発事故に即した新規立法は理想ですが、現行の災害救助法だけでも避難の継続には何の不都合もないんです。大臣・行政が避難継続を決めればいいだけのことです。避難者は切にそれを望んでいるということを、多くの人に知ってほしいです」

最後に、鴨下家の長男が小学6年生の時に書いた作文の一部を引用したい。

「ぼくたちは、原発事故によってたくさんのものを失いました。明るくて広かったぼくの家や、家族の笑顔や玄関横のシイタケや、たくさんの楽しかった事が、今では思い出すと涙が出るつらい記憶です。

ぼくはいわきの山が大好きでした。ワラビやキノコを見つけるのも得意でした。でも、汚れた山は、人の力では元には戻せません。ぼくは、お父さんたちが引き継いだ宝の山を、きれいなまま引き継ぎたかったです。でも、それはもう叶いません。

だからせめて、こんな悲しいことが二度とこの国に起きないようにしてください。よろしくお願いします」

＊1　ひなん生活をまもる会：http://hinamamo.jimdo.com/

＊2　福島原発被害東京訴訟：https://www.facebook.com/genpatsuhigai.shutoken.bengodan

＊3　避難用住宅の提供打ち切り撤回と、避難用住宅の長期無償提供を求める署名：https://drive.google.com/file/d/0B3vai0RR6A0fV0JFR2RLMHJ5LW8/view

# 7 学生が1600万円以上の借金を背負うシステム
## ――奨学金破産1万人・日本の特殊な現状

私立大学では平均授業料が年間86万円、国立では53万円。どちらも上がり続けている。一方、世帯収入は減り続け、仕送り額は過去最低となっている。そんな状況を背景に、現在、大学生の2人に1人が奨学金を借りているという現実がある。しかしその後社会人になって正規の職につけず、そのため奨学金返済に支障をきたし、自己破産に追い込まれるケースが増加しているのだと聞く。驚くべきことに、現在までにその数、累計1万件。今後もさらに増加が予測されるという。

そもそも大学の授業料が無償でない上に、公的な給付型奨学金がないのはOECD加盟34カ国中、日本だけなのだ。またつい先日、自由民主党のプロジェクトチームは「経済的な理由で大学進学をあきらめずにすむ額として、少なくとも3万円の給付が必要と算出した」（2016年10月5日発表）というが、現状とのかい離はないのか。

「学ぶ」ために、大学生が莫大な借金を背負う、この不思議な国、日本。二人の現役学生にその実際を伺いながら、考えたい。

## 悪名高い〈奨学金〉

1651万円。

この数字は、ある23歳の大学院生が借りている奨学金の返済総額だ。

社会に出ると毎月約6万9000円ずつ返していかなければならないという。順調に返しても、返済が終わるのは40歳を過ぎてから。

「この奨学金、僕、返していけるのかなって不安な時もあるし、結婚とかできるのかなって思うこともあります。それに、僕、親にこういう話してるのってあんまり聞かれたくないんです。僕、親にはすごくよくしてもらってると思ってるけど、僕のこういう話を親が聞いて、『ごめんね』とかって言われたら耐えきれないじゃないですか」

2016年夏、ある選挙の応援スピーチで、彼は言った。

その人の名は諏訪原《すわはら》健《たけし》さん。15年夏の安保法制反対運動をリードした〈SEALDs〉（現在は解散）のメンバーであり、2016年7月の参院選で野党共闘を呼びかけた〈市民連合〉のメンバーでもある。

今回は、そんな諏訪原さんと、もう一人、田中宏太《たなかこうた》さん（仮名）に「学生を食い物にする貧困ビジネス」として悪名高い「奨学金」についてお話を伺った。

## 大学生の2人に1人が背負う「借金」

16年に公開された『マイケル・ムーアの世界侵略のススメ』という映画をご存知だろうか。イタリアの労働環境やフィンランドの教育、チュニジアの女性進出など各国の「素晴らしいシステム」を取材して、それをマイケル・ムーアがアメリカに持ち帰る、という演出のドキュメンタリー映画。この映画では「スロベニアの大学」も紹介されている。大学の学費は無料で、若者に借金を負わせない。また、高校の教育レベルはアメリカの大学以上という説もある。翻ってムーア氏の祖国・アメリカでは、貧しい家庭出身の若者が軍隊に行くことで、大学に行くための奨学金を得られるという「経済的徴兵制」が問題となり続けている。

大学に行くための「一発逆転」の方法として軍隊に入り、イラクやアフガンに派遣され、命を奪われる者もいる。身体に障害を負う者もいる。生きて帰ってきたとしても、多くの者がＰＴＳＤなどに苦しめられる。アメリカでは、イラク・アフガンから帰還した兵士のうち、毎年２５０人以上が自殺するという。戦争は、いつの時代も大勢の貧しい者を必要とする。そして貧者が貧しさから脱出しようと思う時、目の前にぶら下げられるのが「奨学金」というニンジンなのだ。

さて、それでは日本の奨学金はどうなっているのかというと、今や大学生の２人に１人が奨学金という名の借金を背負っていることは有名な話だ。労働者福祉中央協議会のアンケート調査によると、借入総額の平均は３１２・９万円。この20年、景気の低迷の中、労働者の賃金は下がり続けてきたわけだが、それと反比例するように奨学金を借りる学生の数は増え続けてきた。親世代に、学費を負担する経済力がなくなってきたからである。その背景には、学費が上がり続けてきたという事実もある。例えば1969年と比較すると、国立大学の授業料は40倍以上も値上がりしている。この間の物価の上昇が3倍程度にとどまることを考えると、驚異的な高騰である。

そんな中、増え続けてきた有利子の奨学金を借りる学生。特に04年、奨学金事業を行う「日本育英会」が「日本学生支援機構」に変わって以降、奨学金は「金融事業」と位置づけられ、メガバンクと債権回収会社が儲かる「学生を食い物にする貧困ビジネス」と言われるようになった。

それだけではない。正社員としての就職が難しく、不安定な低賃金労働が広がる現在、奨学金を返したくても返せない人々は増えているのだが、14年、この層にアメリカの「経済的徴兵制」を彷彿とさせるような提案がなされている。経済同友会の専務理事が、文部科学省の有識者会議で、奨学金延滞者に対し、防衛省などでインターンさせたらどうかという発言をしているのだ。それから2か月後に集団的自衛権の行使容認が閣議決定され、その翌年には安保法制が成立したことを思うと、何やらいろいろと勘ぐりたくなってくる。

## 「教育は自己責任」

さて、この国では一度も社会に出ていない大学生たちが莫大な借金を背負っている一方で、世界を見渡せば、スロベニアに限らず大学の授業料が無料の国は多い。OECD加盟34か国のうち、以下の国々は大学の授業料がタダである。

スウェーデン、ノルウェー、フィンランド、ハンガリー、フランス、ポーランド、オーストリア、ドイツ、エストニア、デンマーク、ギリシャ、チェコ、アイルランド、スロバキア、ルクセンブルク。

それ以外の34か国のうち、日本以外の国すべてに給付型奨学金制度がある。紹介すると、オランダ、アメリカ、イギリス、スペイン、ニュージーランド、ベルギー、ポルトガル、イスラエル、チリ、スイス、オーストラリア、カナダ、トルコ、メキシコ、イタリア、韓国。大学の授業料がタダでない上に、公的な給付型奨学金がないのはOECD加盟34か国中、日本だけなのだ。

このことが意味するのは、「教育は自己責任」というこの国の特殊な考え方である。若者に投資して次世代を育てようという意識の欠如。金持ちの家に生まれればいい教育が金で買えるが、そうでない場合は就職するか奨学金で借金漬けになるしかないという「格差」が、思い切り容認されてしまっているのだ。

最近、文部科学省はやっと「給付型奨学金の創設」について検討を始めた。が、晴れて創設されたとしても、おそらく対象となるのは成績優秀なほんの一部の学生。そしてすでに奨学金を借りて大学を卒業し、返済に汲々としている層への救済策はまったくと言っていいほど論じられていない。

それでは、まずはまだ返済が始まっていない諏訪原さんの声に耳を傾けてみよう。

## 生まれた環境で左右される社会

鹿児島県出身の諏訪原さんは、筑波大学大学院修士2年。教育社会学を専攻している。高校生の時点で、奨学金を借りることを決めていたそうだ。

「仕送りは貰えないっていうことはわかってたので、奨学金を借りることは前提でした。その時、必然的に国立大学にしようっていうのも決めてて。家庭の状況的にも浪人はできないので、絶対現役で受からないといけない。当時はちょっと嫌でしたよね。自由に生きていくのってこんなに難しいのかと思いました。やっぱり、人生の岐路に立つたびに、ある程度リスクの低い選択をせざるを得ないし」

学部時代の4年間で、日本学生支援機構から無利子の奨学金・月5万1０００円と有利子の奨学金・12万円を借りた。毎月17万1０００円。大学の学費は年間55万円ほど。初年度はそこに入学金がプラスされる。

借りる時はもちろんだが、諏訪原さんは今も年に1回、奨学金の継続の書類、そうして年に2回、授業料免除の申請書類を書く。そのたびに「結構、心が折れる」という。

「父親と母親の収入の数字を源泉徴収で見て、課税証明書とかも送ってもらうんですけど、毎回、数字で家庭の経済状況を知ることになるんです。あと、申請理由として、『家庭の経済状況が……』ってことを毎回書かないといけない。書いてるとちょっと心が折れますよね」

先に紹介したスピーチで、諏訪原さんは以下のようにも述べている。

「僕、大学3年生くらいまで、授業が終わった後、週に5回、深夜までバイトしてました。でも一方で、すごく大学生っぽいことしてる大学生ってたくさんいるじゃないですか。そういう人たちの話聞いてると、別に彼らが悪いわけじゃないのに、なんでか惨めな気持ちになるんです。将来のこと考えないといけないタイミングってたくさんあります。そのたびに、僕がまず考えなくちゃいけないのは、お金になる仕事かどうかなんです。自分が何をしたいのかとか、そういうことよりも、現実の中に自分をあてはめていく。それがまず第一に考えないといけないことになってる。そういうことに気づいた時に、すごく惨めな気持ちになったんです」

そんな諏訪原さんは、大学に入ってから、児童養護施設で学習支援ボランティアを始めた。

児童養護施設にいるのは、身寄りがなかったり、親から虐待を受けていたりと、様々な事情から親元で暮らすことができない子どもたちだ。義務教育の中学までは施設にいることができるが、高校に進学しないと、施設を出ていかないといけないケースが多い。

「そういう意味で学習支援って、児童養護施設にとってはかなり重要になるんです。自分自身も、生まれた環境によって左右される社会っておかしいよな、ってずっと思ってたし、こういう社会状況でいいのかな、と思ってたし」

ボランティアを続けながら、大学3年生の夏にはある大手企業にて有給でインターンも始めた。諏訪原さんいわく「意識高い就活（笑）」。父親からは、「飯食っていくこと考えろ」と言われ続けてきた。そのままいけば、おそらく大企業に就職していたのだろう。しかし、そんな頃に特定秘密保護法反対運動が盛り上がる。大学生たちによって〈ＳＥＡＬＤｓ〉の前身となる〈ＳＡＳＰＬ〉（特定秘密保護法に反対する学生有志の会）が結成され、後輩に誘われた諏訪原さんも運動に参加するようになった。

「なんとなく就活して就職して、給料もそれなりに貰って働けるって状況ではあったんですけど、『それでいいのかな』っていうのをすごい思ったんですよね。だったら大学院に行ってもうちょっと勉強してっていうのを考え始めて」

運動に関わりながら、大学院への進学を決めた。はじめ親からは反対されたが、意志は固かった。もともと、政治には興味があったという。高校生の頃には生徒会長もしていた。当時取り組んだのは、「服装検査をなくす」こと。

「僕の高校は、前髪が眉にかかったらダメだとか、耳にかかったらダメだとかの決まりがありました。服装検査なんて正直、意味ないわけですよ。なんで必要なのって考えたら、社会に出た時にそれなりにきちんとできるようにみたいな教育的な意図があるんでしょうけど、実際は決まりを守らせることが目的化しちゃってる。だったらもっと社会に出た時に役立つことを考えた方が、よっぽど有意義な時間じゃないですかっていうのをずっと言っていて。結局、僕が生徒会長の間は、一回検査に合格したら次は受けなくていい、ということになりました。僕が生徒会長じゃなくなったら、一瞬で元に戻ったんですけど（笑）」

しかし、おかしいと思うことに声を上げれば変わる、というのは諏訪原さんにとって「成功体験」となったようだ。

「考えてみたら政治的な営みっていうのは、その仕組みそのものが存続するためにあるようなものっていっぱいあるじゃないですか。そういうのっておかしいなって思ってたのがあるし。で、実際自分で何か言えば変えられるっていうのは、生徒会の時に原体験としてやっぱりあって」

だが、みずからの奨学金問題を、政治問題として考えることはあまりなかったという。

「もともと教育を志したのは、高校生の時から教育問題に関心があったからなんですが、奨学金の問題をどうこうしようっていうのは思ったことなかったですね。世界的に見れば、大学教育だって無料のところは無料だし、日本がそれをやっていないのはおかしいなって思いもあった。でも、自分にとってはあまりに身近すぎる問題で、どうにかできると思ってなかったですね」

## 奨学金延滞者は防衛省でインターン？

しかし、諏訪原さんが〈ＳＡＳＰＬ〉に関わるようになって数か月後の14年5月、例の「奨学金延滞者は防衛省などでインターンさせたら」発言が、経済同友会専務理事の口から飛び出した。

「僕はその時、自分がどうなるかってことよりも、児童養護施設の子たちのことを思ったんですね。施設の子たちっていろいろなところに就職していくんですけど、自衛隊に行ったら結構エリートみたいな感覚なんですね。自衛隊に行った先輩なんかが帰ってくると、『すごいすごい！』って。公務員だし、収入も安定してるしで。

僕の町にも自衛隊の基地があるんですけど、結構大きい就職先の一つなんですよね。自衛隊の友人もいますが、彼の家もあまり裕福じゃなくて。どういう理由で自衛隊に入ったかはわからないんですが。

やっぱり日本は、教育の保障や人生前半の社会保障みたいな考え方について、何もかもが条件つきですよね。給付制奨学金の話が出てきても、やっぱり成績優秀者だし。子どもの人生を無条件に保障していくという発想がない。防衛省インターンの話は、そういうことの典型という感じがしました」

現在、１６００万円を超える奨学金の返済を負っている諏訪原さんは、心のどこかで常に「失敗しちゃダメだ」という思いがあるという。

「どっかで失敗したら、転がり落ちるところまで転がり落ちるって状況なので。それをどうにかしようと思ったら、投資だと思って頑張るしかない。どこまでもポジティブじゃないと生きていけないというか、常に賭けてるわけじゃないですか。でも、自分の努力で全部どうにかなればいいけど、そういうわけじゃない。生きてる中で一番しんどいのはそこですね。失敗できない」

諏訪原さんは、以前古着屋でバイトしていた頃の話をしてくれた。

「そこは買い取りもするんですけど、そうすると、ゴミ捨て場からいろんなもの集めてきたホームレスの人とかも来るんですよ。別に僕がその人でもおかしくない。この先何かあれば、そういう生活するかもしれない、とは思いますね」

## 1万件の自己破産者

現在、諏訪原さんは〈市民連合〉の活動も続けつつ、政治の世界での活躍を期待されてもいる身だ。〈SEALDs〉時代から多くのメディアに登場し、討論番組などでは弁舌の鋭さが冴える。しかも、筑波大学の大学院生。23歳とは思えない才能の持ち主という意味で、彼は特殊なケースだろう。政治の世界やアカデミズムの世界にすでに幅広い人脈を持っている。そしてコミュ力も恐ろしく高い。少なくとも、食いっぱぐれる要素が一つも見当たらないのだ。

よって私は彼の話を聞きつつも、「この人だったらこれだけの返済があっても返しちゃうんだろうな」とどこか安心感を持って聞いていた。が、問題なのは、学ぶために学生が多額の借金を背負わざるを得ないという状況そのものなのであり、それを後押しするかのようなシステムなのである。正規雇用の道が狭まる中、いわゆる「普通の学生」がこれだけの借金を背負い、非正規の職にしかつけなかったら——。「自己破産」という言葉が自動的に浮かんでくる。

現在、奨学金の返済ができずに自己破産に追い込まれるケースは、すでに1万件に上るという。

自己破産して終わりではない。借金は、保証人となっている親にのしかかる。親も払えないとなれば「破産の連鎖」が起きる。奨学金によって家族が共倒れしていくような状況が生まれているのだ。

## 保証人は生活保護受給者の父

さて、次にご登場いただくのは、奨学金返済を始めて11年目、ちょうど借金の残りが半分ほどまで減った田中宏太さん（仮名）だ。

33歳の彼は、大学の非常勤職員。現在、大学院にも籍があるが休学中。

彼が借りていた奨学金は、2種類。大学生の4年間は「大学と銀行が提携してる学資ローン」を借り、大学5年目と大学院は日本学生支援機構の奨学金を借りた。学費は年間126万円。126×5年で630万円。大学院では学費が半額免除になったので、2年間で96万円。合わせて700万以上だ。ここに利息がつくわけである。

22歳の時から返還を始めて、現在、450万円ほどが残っているそうだ。

毎月の返済額は、3万円弱。

この11年間、収入が不安定な時期もあれば、失業中で2、3か月入金がない時期もあったという。それでも、月3万円の返済は容赦なく迫ってくる。

「そういう時、辛いですよね。何があっても現金で払わなきゃいけないものがあるっていうのは。自分だけの問題だったらいいんですけど、やっぱり保証人とられてるので……」

もし田中さんが自己破産すれば、父親が返済しなければならない。が、その父親は現在生活保護を受ける身。また、日本学生支援機構の奨学金の保証人は父親だけで済んだが、大学と銀行が提携する学資ローンは複数の保証人が必要で、父親に加え、その友人までもが保証人になっているのだという。ここまで人質にとられているのでは、うかつに自己破産などできない……。

さて、そんな田中さんが奨学金を借りると決めたのは高校生の頃。決めたというか、親との会話の中で「大学は奨学金で行ってね」と言われたという。

「高校生の頃って、自分の実家がどういう経済状態かわかってないですよね。親も別に子どもに自分の懐具合を言わないわけだし。でも、そもそも、実家に金があれば奨学金借りるわけないですよね」

そうして無事に大学入学が決まり、奨学金の手続きをする。月々3万円の返済をしなければならないことはその時からわかっていた。

「でもその頃、月々3万円返すっていうことがどういうことなのか、わかってないですよね。人が月々いくらで生活してるかもわからないし」

なんといってもちょっと前まで高校生だった人間に大金を貸し付けるわけである。この辺りの問題について、高校などでちゃんと生徒に教えてほしいものだが、田中さんが大学に入った02年当時、「奨学金問題」はまったくと言っていいほど注目されていなかった。

## 大学進学＝500万の借金

そんな田中さんはこの11年間、出版関係の仕事などを中心に様々な仕事についてきた。収入は10万円台から20万円台半ば。奨学金を返済する中で田中さんが疑問に感じるのは、やはりこの国の「学費の高さ」だ。

「僕の行ってた大学で、4年で卒業すると480万円です。その4年間のために、その後20年何かに縛りつけられる感じっていうのはちょっとなぁ……と思います。その後の20年間が、大学4年間のお金に規定されてる。で、一定の現金だけは稼ぎ続けなければいけない。まわりでも、鬱になったり働けなくなったりする人がいますが、例えば、そういう時に友達のところに転がり込んでなんとかすることはできる。裕福じゃなくても実家に帰ることができる。家があって、食べ物一人分増えるくらいだったらなんとかなる。でも、そこで『3万ちょうだい』とは言えないですよね。結構自分の『ヤバい』って時に、『でもあの3万はなんとかしないと』っていうのが常に頭を離れない」

しかし、その後借金に縛られるとしても、高卒だと就職がなかなかないというのも実情である。90年代前半の高卒者の求人は167万人。しかし、今は30万人程度。

「これからは大学行かないとヤバいぞってプレッシャーがあるわけじゃないですか。でも家にお金がないと、大学に行くってことが、400万とか500万とかの借金背負うこととセットになってる。だけど『借金怖いから大学行きません』って選択がなかなかできない構造になってるわけですよね。だから、やっぱり学費を下げるなりしないといけないと思います」

そんな田中さんは、政策にどんなことを望むのだろう。

「今すでに奨学金の借金がある人も含めて、経済的なバックアップというか、収入に応じた形で何がしかの対策があるといいですね」

しかし、先に書いたように、給付型奨学金の創設は論じられていても、すでに借金を抱えている人を救済するような対策はなかなかない。14年、延滞金の利息10%が5%になり、返済猶予期間が5年から10年に延びるなどといった改善はあったものの、毎月コツコツ返している田中さんのような層には特に変化は起きていない。

## 給付型奨学金をスタンダードに

さて、ここまで読んであなたはどう思っただろうか。

貧困の世代間連鎖がこの数年注目され、それを断ち切るための〈子どもの貧困対策法〉も成立した。しかし、肝心の給付型奨学金については、やっと検討が始まったばかりだ。

子どもは、みずからの生まれる環境を選べない。しかし、次世代に投資することは、納税者を増やすことに他ならない。そして他の国々では、実際に授業料の無償化や給付型の奨学金を導入している。これほどに学びが「自己責任」とされている日本が特殊なのだ。

「長い目で見て、どういう社会にしたいんだということだと思います。本来政治って、それを公的な決定として下す手段ですよね。財源だとか仕組みって、本当は作れるはずなんですよ。これからどんどん若者が少なくなる状況の中で、給付型奨学金をスタンダードにして、保障していく。そういうふうにして社会を回していかないと、この先、明るくないなって思うんですよね」

諏訪原さんの言葉だ。

少なくとも、「学ぶ」だけでこれほど若者に借金を背負わせる国に、未来はないと私は思う。

# 8 〈アリさんマークの引越社〉、その「アリ地獄」的実態

## ――剝き出しの悪意と人権侵害の企業で闘う

本来支払われるべき労働の対価も、あたりまえの自尊心も、労働者から根こそぎ奪い取る「ブラック企業」。入ってみないとわからない、入ってしまうと抜けられない、そんな蟻地獄さながらの企業が規模問わず社会に蔓延する現在。

問題視されているそれら企業の頂点を決める主旨で、2012年からジャーナリスト、弁護士らからなる「ブラック企業大賞企画委員会」により始められた〈ブラック企業大賞〉というものがある。2015年、同賞の「アリ得ないでしょう部門」他を受賞し、そのあまりに違法だらけの現状が明るみに出された〈アリさんマークの引越社〉。現在、監視カメラ付きの見せしめ異動・手取り14万円という冷遇の中、在職しながら同社を提訴し、メディアを通して社会にその実情を訴え、仲間とともに闘いを続けている西村さんにお話を伺う。

## 社員が名付けた「アリ地獄」

「アリさんマーク」がアリ地獄——。

そんなオヤジギャグのような言葉を聞いたのは、2015年のことだったと思う。

「アリさんマーク」とは、言わずと知れた〈アリさんマークの引越社〉。同社でのあまりにも過酷な労働実態から、社員たちはみずからの状況をいつからか「アリ地獄」と呼ぶようになっていたという。

今回ご登場頂くのは、そんな〈アリさんマークの引越社〉で働きつつ、会社を提訴し、社会に向けてこの問題を発信し続けている西村有《にしむらゆう》さん（仮名・34歳）。

営業成績関東1位をおさめたこともある彼は今、会社を提訴したことへの「見せしめ」のようにシュレッダー係に回されている。1日中、粉塵の中で紙をシュレッダーにかけ続けるという仕事だ。

デジタル大辞泉によると、「蟻地獄」とは、
1. ウスバカゲロウ類の幼虫。体長約1センチ。鎌状の大あごをもち、乾燥した土をすり鉢

状に掘って巣を作り、底にひそんで落ちたアリなどを捕らえる。あとじさり。すりばちむし。

2. 1の作ったすり鉢状の穴。脱け出せない苦しい状況のたとえにもいう。「蟻地獄から這い上がれない」

そんな〈アリさんマークの引越社〉は2015年、企業にとってもっとも不名誉である〈ブラック企業大賞〉の候補にノミネートされた。惜しくも大賞は逃したものの（大賞受賞はセブン・イレブン・ジャパン）、「WEB投票賞」「アリ得ないで賞」のダブル受賞を果たしたという「実績」も誇っている。

一体、そこではどのようなアリ地獄的状況が繰り広げられているのか、西村さんにお話を伺った。

## 社内の謎のルール

西村さんが〈アリさんマークの引越社〉こと〈引越社関東〉に入ったのは2011年1月。それまでは、7年間、IT業界でシステムエンジニアをしていたという。色白で細身の西村さんは「引越し業界」より「IT業界」がしっくりくる印象だ。そんなIT業界からの転職を考えたきっかけは、結婚だった。西村さんは当時を振り返る。

「当時、結婚を考えてる相手がいて。今の妻なんですけど、ちょっと収入が安定してないから、もっと収入を貰えるところで働こうと思いまして」

特に引越し業界を目指したわけではなく、始めた転職活動。そんな時、求人サイトで目に飛び込んできたのがアリさんマークの「年収1000万円」という文字だった。

「管理職になると1000万円、っていうモデルケースが出てたんですね。その1000万円ってフレーズに惹かれたんですけど（笑）。身体動かすのも好きだし、運転するのも好きだし、IT業界でもリーダーとかやってたんで、マネージャーとかするのも楽しいかなって。いろいろ条件が合ったのでやってみようと」

そうして2011年、入社。これまでに同社で現場作業や営業、管理職として配車事務などの仕事をこなしてきた。が、入って間もない頃から、「この会社、おかしいな」という印象があった。

例えば社内にある謎のルール。

「同僚と複数でお酒を飲んじゃいけないというルールがあるんです。休日でもダメ。ちょっとおかしいなと思って上司に言っても『決まりだから』って」

また、「弁償」に関してもおかしなシステムがはびこっていた。引越し作業ではどんなに気をつけても壁や家具に傷をつけてしまうことがある。そのすべてが、社員の自己負担になるというシステム。

「引越し作業は必ず複数でやりますが、一人がモノを傷つけて、その一人がお客さんとやり取りして、破損金1万2000円払いますって話をまとめちゃったとします。三人の場合、残りの二人はまったくそれを知らないのに、3分割して一人4000円ずつの負担になるんです。それが給料から天引きされる。給与明細を見たら引かれてて、それで初めて事故があったと知る。まったく知らなかったのに、『自分がやりました』と、自分の名前のサインが書かれている。もちろん、自分の筆跡じゃありません。おかしいと思って上司に言っても、『勉強料だぞ、授業料だぞ』みたいなこと言われて、納得いかなかったですね」

家具を包む毛布など引っ越し作業の資材を誤って破いた場合も、みずから購入して弁償しなければならない。その上なぜか、作業着なども支給ではなく買わされた。

「引越し作業用の帽子が1010円。上着が2380円、シャツが1200円、ズボンが1570円。靴下は210円のものが2足」

合計6580円で自社の作業着を自腹購入だ。もちろん、1着では済まない。また、営業職の時は自社のスーツもである。1万円のジャケットと、アリさんのマークがついたネクタイ。社員に「仕事に必要だから」と、モノを買わせるというのは、ブラック企業の特徴のひとつである。

また、トラックの車体などをこすって車に傷をつけてしまった場合も修理費は自腹。

「修理費に2~3万かかることもあります。先輩で、車をこすってしまって、弁償金を払わなくていいように自分で直した人がいたんですね。それが上司にバレてしまった時は大変でした。上司はブチ切れて、フルボッコです。私は暴力的な行為をされたことはないですが、目の前でたくさん見てきました。胸ぐら摑まれたり、エアガンで撃たれたり」

エアガンって……。それは立派な犯罪である。

「でも、あそこにいるとそれが当たり前になってしまう。世間との違いも全然わからなくなってくるんですね」

そんな会社での生活の中、西村さんはある時期から「イエスマン」になろうと決める。理由は、弁償金の給与天引きなど、おかしいと思ったことに意見を言えば言うほど、社内で冷遇されていくのを感じていたからだ。

「で、この会社はちょっとおかしいなと思っても、とりあえず言うことを聞こうと。支店長になれば、支店を少しは変えられるだろうって思いがあったんですね」

イエスマンとなった西村さんは、トントン拍子に出世していく。ドライバーの中で一番上の立場となり、管理職試験も受かり、配車事務の担当に。激務の日々だ。そこまで上りつめたものの、そんな時に起きたのが「長時間労働による家庭崩壊の危機」だった。「結婚を考えた相手」がいたからこそ果たした転職。晴れて結婚したものの、長時間労働は夫婦の時間を根こそぎ奪っていた。

「ドライバーの時は、朝7時出勤なので6時過ぎには家を出ます。引っ越し作業なんで、帰りの時間は決まってないんですね。通常は1日に引っ越し2回ですけど、繁忙期だと4回とかある。忙しい時は深夜0時回ったり、通常でも21時、22時。管理職になるともっとひどくて、ドライバーが来る前に支店に行って鍵を開けて、ドライバー全員が帰って鍵を締めるところまでが仕事なので、帰れない時は泊まりです」

泊まりといっても仮眠できる場所があるわけでもなく、支店の床や椅子で寝る。そうして翌日の早朝、鍵を開ける。当時の労働時間は最長で393時間。ひと月、1日も休まず働いたと計算しても、1日の労働時間が13時間以上。週に一度休みがあったと計算すると16時間近く。過労死ラインを遥かに超えている。

「朝暗いうちに出て、深夜に帰ってくるので、明るい時の自分の部屋ってほとんど見たことなかったですね。妻ももう寝てますし、話す時間もまったくないんです」

早めに帰って妻の手料理にありつけても、食事中気絶するように寝てしまうこともあったそうだ。そんなことが重なり、別居の話まで持ち上がってしまう。西村さんは、会社に「営業に異動させてください」と頼み、営業職となった。仕事内容は、引っ越し代の見積もり。お客さんの家に行き、契約を取る仕事だ。これで少しは夫婦の時間がとれると思った矢先、西村さんは出勤途中に営業車で事故を起こしてしまう。15年1月のことだった。幸い怪我はなかったものの、事故を起こした西村さんに会社は突然無茶な要求を突きつけた。その日のうちに、48万円を請求してきたのだ。

「車の修理費がトータルでいくらになるかもわからないのに、突然その日のうちに48万円払えと。今思うと、従業員が逃げないためですよね。担保として逃さないように」

そうして西村さんはなぜか会社の社員会である〈友の会〉に48万円の借金をさせられる。以後、西村さんの給与から毎月1万円が天引きされるというシステムだった。

## 次々と暴かれる違法な労働環境

何か、おかしい。そんな思いがどんどん膨らんでいった頃、西村さんはある雑誌を妻から手渡された。『週刊ポスト』15年2月9日発売号だ。その号には、「アリさんマークの引越社は社員からカネをむしり取る『アリ地獄』だった」という記事が掲載されていたのだ。

「それを読んだら、僕とまったく一緒だったんです。アリさんマークで働いていた人がトラックでバイクに突っ込んだらしくて、その当日に『40万円払え』と言われていた。その人はすでに会社を辞めていたんですが、〈プレカリアートユニオン〉という個人加盟できる労働組合に入って会社と交渉しているということだったので、すぐにそのユニオンに電話してみたんです」

電話に出たのは、〈プレカリアートユニオン〉執行委員長の清水直子《しみずなおこ》氏。

「『週刊ポスト』を見たんですけど、私もまったく同じ境遇なんです。48万円払えって言われてるんです」と訴えると、清水氏は「それ、払わなくていいです」と即答。ちなみにプレカリアートとは「不安定な労働者」という意味の造語。〈プレカリアートユニオン〉は、正社員、契約社員、派遣、パート、アルバイトなど雇用形態を問わず、誰でも一人でも入れる労働組合として活動している。ちなみに執行委員長の清水直子氏と私は、労働問題や貧困問題に取り組む者同士として、10年以上の付き合いがある。このことが、のちに西村さんの身に「怪文書」として降りかかるのだが……。それについては後述。

そうして15年3月、西村さんは初めて〈プレカリアートユニオン〉の事務所を訪れた。

そこで、今までの経緯を洗いざらい話す。清水さんの答えは明確だった。

「弁償金は全部返してもらえるとか、未払い残業代も請求できるとか、自腹で購入した制服代も請求できるとか、そんな話を聞いて驚きました」

労働基準法に照らすと、会社のしてきたことはことごとくアウトだったのだ。それらが、次々と暴かれていく。自分が違法な労働環境に晒されていることに、外部から指摘されて初めて気づいた西村さん。「雷が落ちたような衝撃だった」という。そこからの行動は早かった。その日のうちに同ユニオンに加入し、会社に「組合加入通告書」と「団体交渉申入書」を送りつける。ちなみに団体交渉とは、会社と交渉すること。個人が「交渉したい」と言っても「嫌だ」と言われたら終わりだが、労働組合の団体交渉を会社側が断ることはできない。

そうして4月、それまで通り仕事を続けながら、西村さんは初めて会社と団体交渉をする。ちなみに彼がユニオンに入った後、会社のタイムカードを押す場所にはアリさんとも関係の深い業界紙が置かれた。見出しには、「外部ユニオンに気をつけろ！」

「私以外にも他の社員が入らないようにって、たぶん先手を打ってたんじゃないかと思います」

そうして迎えた初めての団体交渉には、清水さんも同席。相手側は、担当者と、弁護士が参加。

「団体交渉では、弁償金の話をしました。こっちが100パーセント払うのはおかしいだろと。そうすると会社もわかってくれたみたいで、それまで社員の10割負担だったのが、0～3割負担に制度を変えたんです」

たった一度の団体交渉で、〈アリさんマーク〉の社員全員が「100パーセント負担」から解放されるという制度の変更が成し遂げられたのだ。団体交渉とは、自分一人だけでなく、このように社員全員に恩恵が行きわたる結果を生むこともあるのである。が、成果を勝ち取れた団体交渉は最初の1回だけで、以降、会社側はすべての要件を拒否。7月、団体交渉はとうとう決裂してしまう。

団体交渉を重ねる中で、西村さんへの待遇も変わっていった。

初めての団体交渉の翌月5月には、アポイント部という電話を受け付ける部署に異動となる。そして6月には再びの異動。この異動によって、「シュレッダー係」に配属されたのだ。初の団体交渉から2か月後のことだった。

そして彼は今も、毎日シュレッダー作業に従事している。場所は東京本部の役員もいるフロア。いわゆる「会社の偉い人」ばかりが集まる場所だ。そんな人々がデスクワークをする本部の廊下の奥のスペースで、1日中シュレッダー作業をする。個室として区切られているわけではない。一緒に働くのは、シルバー人材センターから派遣されている人。もともとはその人が一人でやっていた仕事だ。

「完全に見せしめですよね」

西村さんは苦笑いする。最初の頃は、監視カメラが自分の方を向いていた。東京本部での勤務時間は朝7時半から16時半まで。これほどに朝早い理由を、「たぶん、遅刻させて辞めさせたいからだと思います」と西村さんは言う。月給は、だいぶ下がった。以前、営業職の時に、関東で1位の成績を出したこともある西村さん。その時の月収は38万円だった。しかし、現在は19万円。手取りだと14万円ちょっと。生活は苦しい。……というか、求人情報にあった「管理職で年収1000万」とはあまりにもかけ離れた額である。求人詐欺？

それにしても、幹部たちのいるフロアで「見せしめ」として、連日ひたすら朝から夕方までのシュレッダー作業。自分だったら、と考えると冷や汗が滲んでくる。私は果たしてそんな「わかりやすい剥き出しの悪意」に耐えられるだろうか、と。西村さんはすでに、そんな生活に1年間、耐えているのだ。どうやってご自身のメンタルを保っているんですか、と聞くと、彼は言った。

「泣き寝入りはしたくないなっていう気持ちですね。もちろん最初はだいぶ落ちてたんですけど、いつからかこの状況を客観的に見られるようになったんです。『彼は今こういうことしてる』みたいな。そしたらだいぶ楽になった。シュレッダーは労働だと思ってやってます。仕事ではなく、やらされているというか、クリエイティブなことじゃないですけど、それが今やるべきことなんだって、給与貰うためだけにやってるんだ、って考えるようにしたら、だいぶ楽になりました」

## 指名手配書？

しかし、シュレッダー係に回されて黙っていたわけではない。異動させられた約1か月後には〈プレカリアートユニオン〉の力を借り、「配転無効」の裁判を会社に対して起こした。提訴にあたり、大々的に記者会見も開き、それは大きく報道された。

「そうしたら会社が何をしたかというと、8月11日に懲戒解雇をしてきた。そしてこの罪状ペーパーを作って社内冊子とかに載せたんです」

そう言って西村さんは1枚の紙を取り出した。それはまるで指名手配書のようなもの。西村さんの顔写真が貼られ、その横に「懲戒解雇処分」と大きく書いてある。その下には、「罪状」という文字。そうして以下のように続く。


「1　会社の業務上の機密及び不利益となる事項を他に漏らした
2　会社の職制を中傷又は誹謗し職制に反抗
3　短期間において遅刻が複数回あった
4　自己の権利を主張し、職責を果たしていない」

その下には、このような文章が続く。

「上記の通り、数多くの項目で就業規則に抵触する為、厳しい処分が決定されております。世の中、まだまだ非常に厳しい状況です。『懲戒解雇』になった場合、再就職先があると思いますか？　家族を誰が養うのですか？　『一生を棒にふることになりますよ。』会社に従事するにあたっては個々十分に会社のルールを遵守し、業務を行ってください」

そうしてこの日、西村さんは懲戒解雇されてしまう。朝、出勤して朝礼に出ると「西村君、前へ」と言われ、みんなの前で懲戒解雇通知書を読み上げられた。突然のことに頭が真っ白になり、思わず涙が出たという。

「もう悔しくて。今まで営業の時も、配車事務の仕事もドライバーの時も、会社に対してさんざん自分の身を捧げてきたというか、しっかり働いてきたのに、この仕打ちはなんなんだって。それに対して何もできない自分の無力さとか。号泣しました」

同時期、会社は西村さんの父親にまで手紙を送っている。内容は、組合に入って活動をして会社に迷惑をかけている、事故を起こして謝罪もない、社会人としておかしいというようなもの。西村さんにも手紙が届き、そこには事故の損害額200万円を請求する旨が書かれていた。あれ？ 48万円じゃなかったの？ どこまでも毟り取りたいようである。

しかし、これで黙っている西村さんと〈プレカリアートユニオン〉ではない。懲戒解雇を受けて1週間も経たない8月17日、東京地裁に地位保全と仮処分の申し立てをする。すると9月、会社から復職通知が届く。懲戒解雇が撤回されたのだ。会社側が「解雇は間違いだった」と認めたということだ。

そうして復職の日の10月1日、西村さんは久々に出勤した。しかし、タイムカードを押す場所に貼られていたのは、あの指名手配書のような「罪状ペーパー」……。全然懲りてないようである。

「タイムカードのところにもフロアのキャビネットにも喫煙所にも貼られていて、全部で4枚くらいありましたね。それで、シュレッダー作業をする場所の壁には『北朝鮮人帰れ』『過激派の流れを汲む怖い人は去れ』みたいなことが書いてありました」

なぜ「北朝鮮」「過激派」などの表現があるのか。

もちろん、西村さんは北朝鮮の人でもなければ過激派でもない。というか特定の国籍を指して「帰れ」だなんて、15年5月に成立した「ヘイトスピーチ対策法」に抵触するような言いがかりだと思うのだが。この「北朝鮮」云々に関しては、のちのち私の名前が浮上するという展開になる。

さて、そんなふうに西村さんが復職後初の出勤を果たした頃、会社の外では大変なことになっていた。西村さんを応援する〈プレカリアートユニオン〉のメンバーたちが、会社の前で抗議行動をしていたのだが、彼らを会社の役員などが尋常ではない迫力で恫喝。のちにYouTubeに投稿されたその映像は、約2か月で200万回という驚異の再生回数を叩き出し、「アリさんマーク、ヤバい……」という印象を広く世間に知らしめることになったのだ。

https://www.youtube.com/watch?v=uex0k9g7W_w

そうして復職を遂げた西村さんに、10月はじめ、不幸が襲う。お母様が亡くなられたのだ。葬儀などのため忌引休暇を取り、実家に帰った西村さん。そんな彼のもとに、母親の告別式の日、速達で一通の手紙が届いた。同じものは妻の実家にも届いていた。内容は、西村さんの活動によって会社が迷惑を被っていること、アリさんマークのイメージダウンによって見積もり依頼が減少するなど被害が拡大していること、活動をやめるか本人が会社を辞めるかしてほしい、というものだった。

そしてその中には、私、雨宮処凛のWikipedia画像をプリントしたものも同封されていたという。しかも、北朝鮮との関係を強調するような形で。ちなみに私の初めての海外旅行は北朝鮮。今までに5回行っており、そのことは公言しているしそれで本も書いている。そして〈プレカリアートユニオン〉の清水さんとは、10年来の同志的関係だ。手紙には相関図らしきものも同封されていたという。プレカリアートユニオン→執行委員長が清水直子氏→どうやら雨宮処凛という人間と関係があるようだ→そんな雨宮は北朝鮮に行っている→北朝鮮人・過激派！　中2レベルの連想ゲームではないか。ちなみのこの手紙の差出人は匿名の「元同僚」。ふーん、会社じゃなくて元同僚がわざわざこんな手紙出すと思ってるんだ……。こちらは小学生レベルの発想ではないか。このようなことから、私と西村さんは、出会う前から「怪文書」を介して出会っていたというわけである。

それにしても、母親が亡くなったという時にこのような怪文書を送りつけるなど、どんな神経をしているのだろう。

「私一人だったらいいんですけど、家族まで巻き込んで。しかも母親が亡くなった時に。人としてやっちゃいけないことですよね」

西村さんは溜め息をつく。

会社側は今に至るまで、怪文書を出したのは自分たちではないと言っているそうだ。

## ここから逃げても、何も学べない

現在、西村さんは毎日シュレッダー作業をしつつ、裁判を闘っている。団体交渉は決裂したので、会社との話し合いの場は東京都労働委員会に移った。労働委員会とは、組合と使用者の間の紛争を解決するための行政委員会で、準司法的機能を持つ。

〈アリさんマークの引越社〉の様々な不条理に対して、たった一人で声を上げた西村さん。今、この問題はマスコミを巻き込み、社会的な注目を集め、そして司法の場での判断が仰がれている状況だ。しかし、1日の大半を過ごす会社ではまさに「針のむしろ」。同僚など会社の人たちも「見て見ぬふり」だという。なぜ、毎日これほどの重圧に耐えられているのか。改めて聞いてみた。「私もすごい落ち込んで、もうダメだなと思った時が何度もあったんですよ。辞めたいとか、逃げたいとか。でも、その時思ったのは、ここから逃げて会社辞めて別の会社に入って、また同じことになったら結局何も学んでいないから、また同じ目に遭うんじゃないかって。二の舞になるのを防ぎたかった。ここでひと通り経験を積んで、次はそうならないようにっていう、勉強のためというのもありましたね。解決方法、対処方法を学ぶ機会だっていうふうに考えたんです。

あとは、やっぱりいろんな人に助けて頂いてるっていうのもあります。組合に入って、こんなに共感してもらえるんだって思いました。みんな当事者で、それぞれ闘っている。

自分のことで言うと、組合に入ってすごい成長したなって思うんですよ、人として。組合に入らなかったらたぶんこんな人生じゃなかったと思う。きっと〈アリさん〉で、奴隷のような扱いを受けていたんじゃないかな。で、家庭もどんどんおかしくなっていったりとか。そこは前と比べて、今は家庭も平和というか、仲良くなりました。個人的にも、辛いことに耐えるというか、免疫力はついたかな。それがいいことか悪いことかわからないですけど。あと、労働基準法とかに関してすごい勉強しました」

西村さんの言葉の一つ一つが、これまでの闘いで培ってきた自信に裏打ちされていた。これほどにブラック企業が蔓延する時代、みずからを守る知識は絶対に必要だ。そして、おかしなことにおかしいと言う勇気。だけど、ここまで粘り強く続けられる人はなかなかいない。一体この色白で細身の彼のどこに、これほどの強靭さが潜んでいるのだろう。

最後に、西村さんにメッセージを貰った。

「私の闘いを見てほしいってことですね。結果が出たら、だいぶ動くと思うんですよ。歴史を遡ると、海外でも労働者が立ち上がっていろんなことを解決してきた。やっぱり、当事者が立ち上がらないと変わらない。当事者が輪になって立ち上がれば社会は変えられる。日本でも、世界でもそういうことが起きてきた。歴史は繰り返すじゃないけど、そういうふうにこの問題に取り組みたいって思えるようになったんですよ。それって自分が望んでできることじゃなくて、いろんな巡り合わせとかでさせてもらっている。家族も助けてくれるんで、いろんな人の力を貰いながら、できることをやっていきたいですね。別に会社を攻撃したいわけじゃない。おかしいところを直して、働きやすい、いい会社になってくれればと思っているんです。そのために、引き続き闘っていきます。見ててください」

現在、西村さんの闘いはドキュメンタリー映画の監督によって撮影されている。労働問題を撮らせたらこれ以上の監督はいないという土屋トカチ氏だ。運転手の過酷な労働実態と闘いを描いた前作『フツーの仕事がしたい』は、イギリスの映画祭で〈ベスト・ドキュメンタリー賞〉を受賞。ドバイの映画祭では〈アジアアフリカ部門・最優秀ドキュメンタリー賞〉を受賞した。そんな監督が、西村さんを追って撮影を続けているのである。

映画のタイトルは、「アリ地獄天国（仮）」。

西村さんの闘いを描いたドキュメンタリーのラストシーンがどのようなものになるのか。企業の姿勢が、司法の判断が、そしてこの社会が問われている。

（参考）

●「アリ地獄天国（仮）」は、制作カンパも募集中！：http://tokachi.jugem.jp/?eid=251

●プレカリアートユニオン：http://www.precariat-union.or.jp/

# 9

# 性産業はセーフティネットたり得るか

## ――「風俗」と「福祉」を繋ぐ〈風テラス〉の試み

性産業に従事する女性たち。彼女たちへの問いかけは常に一様だ。「好きで」やっているのか、あるいは「強いられて」やっているのか、と。

しかしそこには、知的な障害や虐待の被害をもつ女性、そして様々な事情から孤立無援の生活困窮状態にある女性など、本来、福祉的支援を必要とする人々も少なくない。また、性産業は最後のセーフティネットである、という言い方がある。そもそもそれは、本当なのか。

そんな中で現在、注目を浴びているのが、「司法と福祉の光で風俗の暗闇を照らす」という願いを込めて立ち上げられた〈風テラス〉だ。

本章では、この〈風テラス〉の呼びかけ人であり、著作『性風俗のいびつな現場』で知られる坂爪真吾さんと、女性たちの相談に乗り、様々な支援へと繋げる役割を担う〈風テラス〉のスタッフであり、臨床心理士でもある鈴木晶子さんに話を伺う。

## 生活保護と「そんな仕事」

「もうそんな仕事はやらないよね？　やらないって今、ちゃんと約束できるよね？」

役所の女性職員は、私の隣に座る20代の女の子に言った。

「はい……」

消え入りそうなほど小さな声でそう答える女の子。

満足そうに頷く中年の女性職員を見て、なんだか納得いかないような、憮然とした気持ちが沸き上がってきた。

「そんな仕事」

それを、彼女は望んでしていたわけじゃない。他に手段がなくて、とてつもない勇気を振り絞って「そんな仕事」についたのだと私は聞いていた。

「そんな仕事」とは、風俗の仕事。

実家でいろいろなことがあって、家を出た果てにホームレス状態となっていた彼女は、そこから抜け出すためにデリヘルで働いた。しかし、様々なトラブルが重なり、再びホームレス状態に。そのため、まずは住む場所を確保しようと生活保護を申請している最中のことだった。私はそれに同行していた。

そんな生活保護申請の際、女性職員が念を押すように言ったのが冒頭の言葉だったのだ。「そんな仕事」という言葉のニュアンスが、少しだけ、説教臭さと侮蔑を含んでいた。これからはちゃんと真面目にしないと、生活保護を認めないよ、というような。

そういう言い方、なんか違うんじゃないか。

だけど、何も言えなかった。

## 〈風テラス〉の願いと試み

女性の貧困と性産業は、親和性が高い。良い悪いは別にして、切っても切れない関係がそこにはある。

第1章でお話を伺った女性も、父親の性的虐待から逃れるために家出し、辿り着いた歌舞伎町で身体を売ることでなんとか生き延びてきた。障害年金をあてにする父親によって勝手に障害者とされ、普通教育を満足に受けられず、学歴も中卒の彼女が「売れる」ものは、おそらく他になかった。「いけない」と言われていることだとしても、自分を傷つけることだとしても、一体、私に何が言えるのだろう。

貧困の現場を取材していると、そう痛感する。

性産業で働くことを否定する無意味さについては、第2章に登場して頂いた〈ゆずりは〉の高橋亜美さんも触れていた。

児童養護施設を出て風俗で働く女の子に対し、「そういう仕事はしてほしくないから、ゆずりはから言ってくれないか」と頼んでくる施設の職員。心配はわかると前置きしながらも、彼女はそのような非難がいかに当人を傷つけるものであるかについて、述べてくれた。できることは、「やめろ」と説教することではなく、「やめるという選択肢もある」と示すこと。どうやってその道筋を示せるかが、おそらく腕の見せどころなのだ。

性産業には日々、多くの女性が流れ着いてくる。

その中には、知的障害を抱えていたり、虐待の被害者だったり、生活困窮を抱えていたりと、福祉的支援を必要とする女性も多くいる。

そんな性産業の世界で今、注目されている取り組みがある。

それが〈風《ふう》テラス〉だ。デリヘルの待機部屋に法律家や専門家が出向き、生活相談や法律相談に無料で乗るという取り組み。役所のように「本人からの申請を待つ」「本人が窓口に来るのを待つ」のではなく、支援者自らが出向き、問題を引き出して解決に導く。

〈風テラス〉という言葉には、「司法と福祉の光で風俗の暗闇を照らす」という願いが込められているという。

今回は、そんな〈風テラス〉の呼びかけ人である坂爪真吾《さかづめしんご》さん、そして臨床心理士として女性たちの相談に乗り、様々な支援に繋げる役割をしている鈴木晶子《すずきあきこ》さんにお話を伺った。

## 風俗研究から起業へ

『性風俗のいびつな現場』（ちくま新書）という本をご存知だろうか。

本の帯には、赤ちゃんを抱く女性のイラストの横にこんな言葉が躍っている。

「現代日本の落とし穴　彼女はなぜ母乳風俗店で働くのか?」

詳しくは同書を読んでいただくとして、この本の著者こそが、〈風テラス〉の坂爪さんなのである。

坂爪さんとは、この日が初対面。待ち合わせ場所に現れた坂爪さんは物腰が柔らかく、笑顔をたやさない男性だった。そんな優しげな印象と「風俗」という言葉がなかなか繋がらない。

大学生の頃から社会学として風俗の研究をしてきたというが、そもそもなぜ、風俗の世界が研究対象となったのか。そう問うと、少し照れた様子で10代の頃を振り返った。

「もともと高校生の時から社会学に興味があって。それに当時、ちょうど援交ブームだったんです」

女子高生が「性の対象」として恐ろしいほどに注目され、ブルセラという言葉が飛び交った90年代。81年生まれの彼はこの時まさに男子高校生だったのだ。女子高生ブームの時の男子高校生。まったく注目されていないどころか存在すら忘れられていた彼ら。同世代女子の性が商品化されていく中で、いろいろと生きづらかっただろうことが予想される。

「自分も新潟の進学校のすごいこじらせた高校生でしたね。その頃、宮台真司さんとか鶴見済さんの本とかすごい読み込んだりしてました」

この辺、非常に身に覚えがある。坂爪さんより6歳年上の私も90年代なかばから後半にかけてその辺りを読み込んだ一人だ。サブカルと社会学だけが「生きづらさ」を緩和させてくれるような気がしていた。が、坂爪さんのすごいところはそれだけでは終わらなかったことだ。東京大学に入り、独自の視点で性を研究の対象としたのだ。

「『性』っていうものがあまり社会学的に分析されていないと思ったんですね。それで、大学でジェンダーを扱うゼミに入って、風俗を研究してみようって思ったんです。それ以降、風俗のいろんな現場を見て、そこで働く女性にインタビューしたり話を聞いたりしていく中で、風俗の世界で起きていることをもっと社会性のある形でオープンにしていきたいと思うようになりました。そのことでいろんな人が楽になったり、救われたりするんじゃないかなって。どうしても『性』っていうだけで社会のアングラに押し込まれていく部分があったので。それで、大学を出た後、そういうことをテーマにして、自分で起業したんです」

## 「障害」と「性」

そうして2008年に立ち上げたのが、一般社団法人〈ホワイトハンズ〉。〈ホワイトハンズ〉では、重度身体障害者に対する射精介助サービスを始めた。それにしても、なぜ?

「起業する前、ヘルパー2級の資格をとって介護の現場に入ってみたんですね。すると、介護の世界では『性』というものがまったくないことになっている。QOL（クオリティ・オブ・ライフ）、『生活の質』って言葉があるんですけど、その中で『性』が完全にないものにされている。そのことによって当事者の苦しみが起こっているな、とすごく思ったんですね。それで、狭い範囲ではあるんですけど、男性で重度の身体障害者で、自力で射精行為ができない人に対象を絞った射精介助ができれば、QOLの向上に繋がるようなケアができるんじゃないかと思いました」

料金は30分で2800円。看護系の学生やヘルパー、看護師などが介助スタッフとして射精介助を行うという。

〈ホワイトハンズ〉が取り組む障害者と性の問題はそれだけではない。ユニークなのは「バリアフリーのヌードデッサン会」。

「知的障害とか発達障害がある方向けの、性教育の一環として始めたデッサン会です。実際に裸を見てもらって、描いてもらって、いろんな性の知識を身につけてもらう」

障害と性。もっともタブーとされる領域に果敢に攻め込んできた彼は、4年前から風俗産業の社会化を目指す〈セックスワーク・サミット〉も開催。これまで、「東京五輪と風俗の関係」（オリンピックによる浄化作戦）などのテーマで様々なゲストを呼び、イベントを開催してきた。その中で「福祉と風俗の問題も扱おう」ということになり、ゲストとして呼んだのが〈デッドボール〉の店長である「総監督」。

〈デッドボール〉とは、「他の風俗店では不採用になるような地雷女性＝『デブ・ブス・ババア』を集めたレベルの低さ日本一の『地雷専門店』として、業界では有名な存在」（『性風俗のいびつな現場』より）だという。面接に来た女性は、「身分証さえあれば即採用」。店の形態は、デリヘル。客からの電話でホテルに行き、サービスをする。在籍女性は20～60代。特に40代が多いという。

女性の取り分はというと、60分のサービスで3000～4000円ほど。店の平均接客率は1日につき1・8人なので、日に1～2人しか客がつかない人が多い。一人であれば10日で4万円。20日で8万円。デリヘルで働いて、月に10万円いかないという衝撃の事実が浮かびあがる。

## 待機部屋での相談会

そんな〈デッドボール〉と坂爪さんの出会いは、総監督が著者の一人である『なぜ「地雷専門店」は成功したのか？』（東邦出版）という本だった。この本について、「デブ・ブス・ババア」などの女性差別的な視点について批判的な立場から書評を書いたところ、Twitterで「総監督」本人から「一度現場をじっくり観察されてはいかがでしょうか」とリプライが来たのである。

そうして「地雷専門店」を取材すると、坂爪さんの目に意外な事実が見えてきた。

まずは、店長である総監督が在籍女性たちの様々な困難を把握しており、「支援」的なことをしていたということ。例えば、アパートの保証人になったり、住む場所がない女性を待機部屋に泊めてあげたり、警察に捕まるなどのトラブルが起きた際には身元引き受け人になったり。

〝「地雷専門店」を謳う激安デリヘルの店長〟という言葉からは、「女性を容姿や年齢で差別しながらも食い物にする貧困ビジネスの悪人」というイメージが浮かぶ。しかし、実態は随分と違ったのだ。日々女性たちと接する店長こそが問題にブチ当たり、解決策を求めていた。

また、これまでメイクをしたことのない女性もいるため、無料の専属ヘアメイクスタッフがいてメイクの仕方を教えてくれるなど、女性が少しでも稼げるようになる仕組み作りもされていた。一方、睡眠薬も含めると、働く女性の6～7割がなんらかの薬を飲んでいるため、面接の際に服薬中の薬について聞き出すということもしていた。そういうことをあらかじめ話していれば、女性が精神的な不調などで休む際、店に嘘をつかなくてもよくなる。小さな気遣いだが、在籍女性にとって、この「理解」は大きいだろう。

さて、そんな〈デッドボール〉の待機部屋で在籍女性たちに無料で生活・法律相談会をしたのが〈風テラス〉の始まりだった。始めたのは、15年の10月。以来、月に一度の頻度で待機部屋に出向く。現在は〈デッドボール〉だけでなく、〈おかあさん〉という熟女専門店での相談会もまとめて行っている。ちょうど同じマンションに待機部屋があるためだ。ちなみに〈おかあさん〉の在籍女性の年代は40～70歳。複数の店舗があるが、同グループには数百人の女性が在籍し、池袋店だけでも92人が在籍。平均年齢は52歳。料金はというと、60分1万円から。女性の取り分は５５００円。

そんな女性たちへの相談会、どのような内容のものが多いのだろうか。

「意外と一般の相談とそんなに変わらなくて、借金とか、離婚とか、家庭の問題ですね。生活困窮の問題とか。わりとベーシックな感じなんです」

これまでの相談会で、具体的な解決に向かったことも多くあるという。

「借金は結構ありますね。債務整理したケースが何件かあります。あと、障害者手帳を申請する方向で話が進んでいるケースもあります。それ以外では、福祉への繋ぎ直し。1回いろんな制度を使ったけどダメだったという人に、もう1回繋ぎ直して訪問看護に繋げたり。また、軽度知的障害の方なんですが、自分の服薬管理ができないので、そのための訪問看護に繋げたこともありました」

話を聞きながら、何度も「風俗業界の話を聞いている」という事実を忘れそうになった。とりわけ「訪問看護」という言葉は、私にとっては高齢者を連想させるものだったからだ。坂爪さんによると、〈デッドボール〉には尿失禁予防のため紙おむつをして待機している女性もいるそうだ。精神疾患によって多くの薬を飲んでいることから、失禁が起こってしまうらしい。

## 脱却へのルートと選択する力

それにしても、いつから風俗ってこんな世界になったんだ？　私が漠然とイメージしてきた風俗の世界は、少なくとも女性にとって「稼げる」仕事だった。先述した坂爪さんの本にも、90年代から00年代初頭にかけての風俗の「黄金時代」にページが割かれている。しかし、04年、東京都が一斉に始めた繁華街の浄化作戦により、都内の店舗型風俗のほとんどが壊滅。その後、無店舗型のデリヘル化が始まった頃から状況は変わってきたようだ。

「なんかすごい露骨になったと思うんですね。激安ばかりが強調されて。それと『生』『本番』『素人』みたいな、そればっかり求めてるというイメージですね。働く女性たちも稼げなくなっていると思います。今、デリヘルって、約1万9000件あるんですよ。〈セブン・イレブン〉とほぼ同じ数です。実態というか実際に稼働しているところはたぶんその半分くらいだと思うんですけど、それでも多すぎるんですね。あと、無店舗化すると、いっぱい女性を抱えることができる。女性も増えてしまって、結果的に単価がどんどん下がっているんだと思います。身体を売っても稼げないって、本当に末期だと思うんですよね」

〈風テラス〉に相談に来る人の中には、「売り上げ目標月10万円」くらいの女性が多いという。

身体を売って、月10万円。そのくらいの収入ではなかなか家賃も払えないだろう。待機部屋で寝泊まりする女性がいるということも頷ける。そしてそんな状態は、いわゆる「広義のホームレス状態」だ。

長年ホームレス問題に取り組んできた湯浅誠氏は、坂爪氏の著作『性風俗のいびつな現場』の書評を書いているが、そこには、男性の貧困が路上に現れるのに対して、女性の貧困が待機部屋に現れる現実についての記述がある。

「私自身にとっては、その待機部屋が公園であり、路上だった。よく『この人たちは好きで路上にいるのか、強いられているのか』と聞かれたが、好きでやっている人もいれば、強いられている人もいる、強いられているが『好きでやってる』と強がる人もいれば、好きでやっているが『強いられているという答えを求められているんだろうな』と感づいてそう答える人もいる。その問いに意味があるとは思えなかった。必要なことは、出たければ脱却できるルートを構築する力を社会がつけることであり、その選択を行う力を本人がつけること、この二つの力づけ（エンパワメント）を同時並行で進めることであり、そのために自分に何ができるか、それを考え実行することだった」

（「路上と待機部屋」／『PR誌ちくま』2016年2月号）

この湯浅氏の言葉に、坂爪さんは大いに共感したという。

そんな話をしながら思い出したのは、冒頭のやりとりだ。

「もうそんな仕事しないよね？」という確認。福祉などの現場では、自分のしている／してきたことを否定される女性たち。坂爪さんは言う。

「第一声で否定されるんですよね。そこで説教されたら、関係性が切れちゃうじゃないですか。否定しない、価値判断しないっていうのは、ソーシャルワークの基本なんです」

## 「職業」は、セーフティネットになりえない

深く頷いたところで、〈風テラス〉の相談員の一人である鈴木晶子さんが登場した。1977年生まれ。話しやすそうな空気と知的な雰囲気をまとった女性だ。〈一般社団法人インクルージョン

ネットかながわ〉代表でもある彼女は、心理的なケアやソーシャルワーク、就労支援や地域コーディネーターを主とした寄り添い型の支援を通して、若年生活困窮者を支える活動をしている臨床心理士。坂爪さんいわく「若年生活困窮者支援のトッププランナーのお一人」だ。

そんな鈴木さんにも、なぜ〈風テラス〉に関わるようになったのか早速疑問をぶつけてみる。

「もともと学生時代にひきこもり支援をしていたんですね。その後は、〈若者サポートステーション〉っていうニート支援の機関で06年から働くことになって、その後生活保護課と連携して、生活困窮者支援をやるようになったんです」

彼女の目から見ても、〈風テラス〉での相談は坂爪さんと同様「普通の困窮者相談と変わらなかった」という感想だ。よって、障害者福祉や生活保護などの制度を利用することで生活をある程度安定させることができる。しかし、様々な制度と繋がっておらずに〈デッドボール〉で働いている。彼女が相談を受けた中には、指名などが入らず、性的サービスが全然できない人もいたという。

そうなると、待機部屋で過ごすことになる。ちなみに待機部屋で待機しているだけで微々たるお金が出るので、それを目当てにしている人もいるという。一人もお客さんがつかなかった場合、週に5000円ほど。一人の接客もしなくても月に2万円にはなる計算だ。

「障害年金と、待機の2万円と合わせて、兄弟と同居している人もいますね」

さて、これまで風俗の問題に取り組んだことはなかった鈴木さんだが、実際に待機部屋での相談を通して、今までの相談者の見え方も変わってきたそうだ。

「待機部屋にいる女性たちがあまりにも普通の、その辺にいるような女性なので、今まで生活困窮の相談に来られた中で、私には言わなかったけれど風俗で働いてた人っているんじゃないかなって思うようになりました。例えば『息子がなかなか働かなくて』ってご相談にくるお母さんとかいたんですよね。その中には、どうやって生活してるんだろうなと思う方もいた。収入のことを聞いてもなんとなく言葉を濁す。もしかしたら、そういう中にいたのかもしれないって」

一方でやはり、〈風テラス〉に相談する人の中には障害を抱える人が少なくない。知的障害、発達障害、精神障害を合わせると、かなりの割合になるそうだ。

そんな女性たちにとって、ある意味でセーフティネットになってしまっている風俗産業。だが、坂爪さんは「セーフティネットにはなっていない」という意見だ。

「風俗だけでは、セーフティネットにはなり得ないと思うんですよね。そもそもそこでもうまく働けない人とか、面接で落ちる人が圧倒的に多いので。だから、風俗以外の分野、福祉や司法と連携していかないとうまく回っていかないと思います。セーフティネットを作る1本の線にはなっても、ネットそのものにはなりえない」

鈴木さんも同意見だ。

「職業っていうものがセーフティネットになっちゃうってどうかな、ということですよね。あくまでもお金を稼ぐ一手段であって。それって、かつての〈年越派遣村〉の時、露呈した問題ですよね」

そうなのだ。職業そのものがセーフティネットになってしまうと、失業して家賃を払えなくなれば即ホームレスという、先進国ではあるまじき事態が発生してしまう。他の先進諸国では、失業くらいでは簡単に住む場所を失わない。家賃補助制度などがあり、住まいを失わないような制度があるからだ。それこそがマトモなセーフティネットなのだ。

## 「聞く力」と制度間の連携を

さて、現在、〈風テラス〉の相談スタッフは4人。鈴木さんの他に弁護士が男女1人ずつ、そして社会福祉士。全員30代だ。相談を受けるにあたっての取り決めのようなことは、やはり「風俗で働いていることを否定しないこと」。支援は、縦割りの福祉行政をいかに連携させていくかが勝負だ。重要なのは、「話を聞く力」。話がいろんなところに飛んでしまいがちな相手の言葉からニーズを読み取り、引き出し、制度の知識を総動員して解決策を提案していく。なかなかハードルが高いが、やりがいがありそうな仕事だ。

難しいのは、福祉などの制度を知っていればいいだけではないこと。この業界独特の事情への対応も迫られる。例えば、夜の世界には「魔の1か月」という言葉があるそうだ。日払いのキャバクラや風俗で働いていると、月給制の昼の仕事に変わる際、無収入で最低1か月を乗り切らなくてはならない。これが壁となって、いつまでも抜け出せない女性も多い。〈風テラス〉では、この1か月を乗り切るためのアドバイスもしている。社会福祉協議会の緊急小口融資や貸付の利用、そこにフードバンクからの食料支援を組み合わせるなどしてなんとか1か月を乗り切るのだ。

話を聞けば聞くほど、ニーズは多様で複雑だ。

〈風テラス〉に来る女性の中には「月にあと4、5万円」のために働きに来ている人も多いという。このような場合、制度を使って埋めることもできるそうだ。例えば障害者手帳を取ることにより、バスなどの交通費が無料になることもあれば、状況に応じて、自治体によっては数千~1万円程度の給付があるところもある。そういうものを組み合わせていけば、「あと4、5万円」が「あと2、3万円」になる。そうなれば、「風俗をやめる」という選択肢もより現実味を帯びてくる。

〈風テラス〉。

奇跡のスキルを持ったメンバーたちの、福祉や司法を巻き込んだ素晴らしき連携プレー。このきめ細やかな支援が国レベルで制度化したら、どれほどの女性が救われるだろう。話を聞きながら、何度も思った。

同時に思ったのは、多くの女性たちが「身を守る方法」を知らずに、あまりにも無防備に風俗の世界に飛び込んでいるということだ。無知ゆえに、または障害ゆえに逆らえずに無茶な要求に応えている女性たち。鈴木さんが言う。

「違法サービスをやってるお店で、知的障害を持っている子が『本番やれ、本番やれ』って言われて、結局妊娠しちゃったりとか、そういうこともあります。堕胎のお金はお店が出してくれたそうですが、考えられないことですよね」

そんな状況があるからこそ必要なのは、「法律を守る優良店とそうでないお店を見分ける方法」だという。これさえわかれば、最低限、自分の身を守ることはできる。

坂爪さんは言った。

「もっと〈風テラス〉が広がって、〈風テラス〉と連携してるところは安心だっていうふうになればいいのかなって思います。〈デッドボール〉さんも、連携を始めてから、応募がすごい増えたっておっしゃってたんで、そういう効果はあるのかなと思いますね」

鈴木さんも続ける。

「やっぱりこの仕事が向いてて やりたいって人もいるでしょうし、不本意ながらやってる人もいる。そういう中で、〈風テラス〉と連携している優良店に女性が集まるようになって、続けていく方もいれば、支援を受けて次の仕事に行く方もいるっていうようになればと思いますね。なくなる業界ではないので」

坂爪さんには、「いずれ〈風テラス〉をデリヘルの標準装備にしたい」という野望があるそうだ。

「ニーズは膨大にありますし、しっかりシステムを作っていければ、すごくいい結果が出ると思います」

そのために今、〈デッドボール〉と〈おかあさん〉で地道な相談活動を続けている。風テラスには、店の男性従業員も相談に来ることがあるそうだ。風俗産業には、そこで働く女性だけでなく男性にも様々な事情がある人が多い。中には、もともとお客さんだった人もいるという。風俗にハマりすぎて借金を作ってしまい、店に拾われたというオチだ。風俗産業には、そんなある種の「懐の深さ」もある

## 風俗を見れば福祉がわかる

最後に、お二人からメッセージを頂いた。

まずは鈴木さん。

「風俗の問題って、社会の縮図みたいなところがあるし、福祉の限界みたいな問題もある。制度だけでは救われないような人間関係の繋がりとか、いろんな問題が雑多にあるので、ぜひ福祉関係の

人には、偏見を持たずに活動に参加してほしいなって思ってます。そこからまた、昼の世界にフィードバックできるようなものが出てくれれば、と思っています」

次に坂爪さん。

「風俗を見れば、逆に福祉がわかるって気がしますね。いろんなものが反映されてる。風俗の世界で起こっていることを、一種の通訳っていうか翻訳できる人を増やしていきたいです。もちろん、自分がやっていくという意味でも。世間と風俗の架け橋というか、そういう役割をしていけたらいいなって、それで偏見が少しでも薄まれば、と思っています」

『性風俗のいびつな現場』の終章で、坂爪さんは三つの目標を掲げている。

一つ目は、

「否認でも黙認でも公認でもない『容認』を目指せ」

目指すべきゴールは、居心地のいいグレーの世界。

「そのためには、風俗を黙認ではなく『容認』＝否定や禁止、排除や黙殺をせずにいったん受け入れた上で、福祉や社会とつながる方法を手探りで模索していくしかない。必要なのは、健全化でも浄化でもない『社会化』だ。それ以外に、風俗に関わる当事者の不幸を減らすことのできる選択肢、そして私たちの社会がとるべき選択肢は無い」（同書より）

そして二つ目は、

「風俗と社会をつなぐ『夜の世界のソーシャルワーカー』を育成せよ」

三つ目は、

「風俗は単独ではセーフティネットになり得ない。福祉や司法との連携を目指せ」

そうして終章は、以下の言葉で締めくくられる。

風俗には、社会とつながる勇気を。

福祉には、風俗と共闘する勇気を。

〈風テラス〉が、すべての性産業と連携している社会を想像してみる。

それはきっと、そこで働く女性たちが、福祉に繋がりやすく、辞めたくなった時に辞めやすく、再就職がしやすい社会だ。

性産業の是非を問う前に、私たちは「今」、様々な困難の中にいる女性たちに、もっと寄り添うべきなのだ。

お二人の話を聞いて、改めて、そう思った。

（参考）

●ホワイトハンズ：http://www.whitehands.jp/menu.html

●風テラス（風テラス基金では寄付も募集中）：http://www.whitehands.jp/futerasu.html

# 10 人の命を財源で語るな

## ――〈生存権裁判〉が問いかけるもの

この日本列島では、夏が来るたび、住まいの中で高齢者が熱中症で亡くなった、という報道を耳にする。

また、生活保護費の切り下げの中、高齢者への「老齢加算」が段階的に廃止されたことについて聞き覚えのある方もきっと多いのではないだろうか。

本章では80歳を目前にして〈生存権裁判〉の原告となった一人の男性とその支援者に、尼崎の小さな事務所で伺ったお話を紹介したい。16歳のときに敗戦を迎え、その後、日本の高度成長を全国の飯場で支えた一人の男性が、心臓動脈瘤の破裂のリスクを抱えながら訴え続けることとは。そしてその理由とは。耳を傾けたい。

## 「老齢加算」廃止が孤立を招く

この国では、夏が来るたびに多くの人が熱中症により、病院に搬送される。

消防庁が把握しているだけで、２０１６年夏には、実に5万人以上が搬送されたという。内訳を見てみると、その約半数が高齢者。熱中症による死者がもっとも多かった２０１０年では、その８割が高齢者だったという。

さて、今回ご登場頂く勇《いさみ》誠人《まこと》さんは、86歳。ご高齢ということもあって、取材に応じて頂けるかどうか、当日まで一抹の不安があった。しかし、16年8月初めの猛暑の午後、勇さんは尼崎の一人暮らしの自宅から、取材場所まで一人でやってきた。86歳とは思えないほどしっかりした口調で理路整然と話す勇さんはパリッとしたシャツに身を包み、紳士的な雰囲気をまとっている。そして終始ニコニコと穏やかな笑顔を絶やさない。「介護要支援２」の判定を受け、車椅子に乗ることもあるというが、この日は車椅子はなし。

そんな勇さんの部屋にはエアコンがあるものの、ほとんど使わず、扇風機で暑さを凌いでいるという。理由は、「電気代がかかるから」。

なぜ、暑さに耐えてまで電気代を節約しなくてはいけないのか。

それは、勇さんが生活保護を受けているからだ。その額は、4万2000円の家賃込みで11万3900円ほど。生活費として使えるのは約7万円だ。ここから食費、水光熱費、通信費や交通費などのすべてを賄わなくてはならない。勇さんが生活保護を受け始めたのは2003年。その頃と比較して、支給される保護費の額は2万円近く減額された。「老齢加算」が廃止されたことが大きな原因だ。

老齢加算とは、生活保護を受けている70歳以上の人に支給されていた加算。勇さんの場合、月に1万7930円だった。高齢になると噛む力が弱くなり、消化吸収のよい食事が必要になること、体温調整が難しくなることから冷暖房費や被服費に特別な配慮が必要なこと、また、お葬式やお見舞いなどの社会的費用がかかることなどから、40年以上、この加算が支給されてきた。

しかし、小泉政権下の03年、厚生労働省の専門委員会でこの老齢加算が必要ないという主旨のとりまとめがなされる。翌年04年から老齢加算は段階的に引き下げられ、06年には完全に廃止された。この廃止を受け、生活保護を受けている高齢者に起きたのはどんなことか。以下、当事者からの声である（〈生存権裁判を支援する全国連絡会〉のチラシより）。

「加算が廃止されてから、近所付き合いや冠婚葬祭の出席などできなくなったのが一番つらい」（青森県　男性　78歳）

「熱中症で倒れ施設に入居する決意をしました。老齢加算があればエアコンをつけることができ、家で生活できたと思います。老齢加算復活を願っています」（新潟県　女性　89歳）

「買い物は夕方の割引になるのを待って買い、ご飯は2合を8回に分けて食べます。夏は風呂に入れずタライに水を入れて行水しています」（福岡　女性　81歳）

「老齢加算がなくなり、また生活保護が大幅に減り、足の悪い私は安売りの買い物にも行けなくて節約の毎日です」（兵庫県　女性　86歳）

勇さん自身も、老齢加算廃止によって冠婚葬祭などに行けなくなった一人だ。勇さんは、穏やかな口調で言った。

「身内が死んでも、香典も出されなくなる。友人たちが亡くなっても、見送ることもできない。そのうち、『近所付き合いが悪い』と陰口を言われるようになる。もう、孤立してしまってね。外出することもできなくなる」

このような状況を受け、勇さんは現在、老齢加算廃止は生活保護法と憲法の理念に反するとして提訴、〈生存権裁判〉を闘っている。

勇さん、そして裁判を支える支援者の方に、じっくりとお話を伺った。

## 敗戦、就職、結婚、そして飯場へと

勇さんが生まれたのは昭和5年。小学6年生の時に太平洋戦争が始まり、16歳で敗戦を迎えた。と、さらっと書いたが、昭和一桁生まれというのは、戦争を経験した世代なのである。勇さん自身も戦時中には学徒動員され、東洋鋼鈑で働いた。空襲に遭い、火傷なのか、体が膨れ上がった人々の遺体がずらっと並ぶ光景を目にしたことも話してくれた。

「それが戦争体験だね」

勇さんは振り返る。

父親は、勇さんが生まれてすぐに亡くなった。母親に育てられ、学校を出てからは中国地方の某県で会社員となる。結婚もして、端から見れば安定した生活を送っていた勇さんだったが、ずっと嫁姑問題に悩んでいた。そのことについては言葉を濁しながら語ってくれたものの、嫁姑の確執は相当なものだったようで、妻は姑の葬式にも出ていない。そうして40歳の時、勇さんは家を出る。同時に、課長補佐となる話も出ていた会社も退職。いわゆる「失踪」なのだろう。それほどに、家庭内のゴタゴタは勇さんを追いつめていたようだ。

「その後、転々としてね」

まず向かったのは、中国地方からはほど遠い北海道だった。1970年。炭坑の事務員の募集があったので炭坑の街・赤平に行ったのだが、事務の仕事ではなく、突然炭坑に下ろされた。

「炭坑夫になるつもりはなかったんだけど下ろされて、『ああ、これはダメだ』と。そこから、いよいよ人生がおかしくなってね」

それからは、日本中の飯場（工事などの現場にある宿泊所）を転々としながら働く暮らしが始まった。東京、神奈川をはじめとして、東北電力や山形電力、福島の原発関連の仕事をしたこともある。日本各地の高速道路や港、ダムの建設にも携わり、「行ってないところは鹿児島だけ」とのこと。70年代からの日本のインフラ整備を支えてきた一人である。

バブル時代には、朝7時から夜8時までダム建設の仕事をし、手取りは40〜45万円にもなったという。しかし、バブルが崩壊してからは、仕事がなくなっていく。同じ飯場にいる人の中には、飯場での食事代（雨天で仕事がない日でも引かれる）や酒代の前借りなどで、飯場への借金が１００万円ほどに膨らんでいる人もいた。が、「酒も煙草もやらない」勇さんは真面目に働くため、得意先から「マコちゃんで」と指名が入るほど。更に技術を持っていたので「引っ張りだこ」だったという。

そんな生活が、73歳まで続いた。本当の年を言うと働けないので、年齢は60代とごまかしていたという。

「僕は天涯孤独で行くところがないから、孤独死する覚悟で飯場で働きよったんです」

しかし、ある現場が終わり次の仕事が決まった時、健康診断でひっかかってしまう。

「今にも倒れそうな高血圧」ということが判明したのだ。

これでは仕事を任せられないと、勇さんは飯場から追い出されてしまう。そうして辿り着いたのは、阪神電車のある駅。そこで初めて、２週間ほどのホームレス生活を体験する。ずっと駅にいると追い出されるので、毎晩移動を余儀なくされる日々だった。しかし、そんな辛い日々を振り返る時にも、勇さんは当時の「良かったこと」を思い出して話してくれた。

「親切な人は、朝、むすび持ってきてくれてね」

## 貧しい高齢者への仕打ち

そんな路上での生活が終わったのは、現在、裁判も含め勇さんを支援している〈尼崎生活と健康を守る会〉との出会いだ。高血圧で治療が必要だけれど、健康保険もない。お金も住む場所もない。勇さんはまず入院して治療を受けることになる。そうして退院の際、住む場所がないということで、会と関係のある集合住宅に入り、生活保護を受給。ほどなくしてアパートで一人暮らしを始めた。

現在、勇さんは高血圧だけでなく、心臓動脈瘤も抱えている。医者からは、突然死に至る危険性が高いと言われているそうだ。しかし、手術は身体への負担が大きく、脳梗塞を併発するおそれがあるということで現在は投薬治療を続けている。

勇さんが生活保護を受けたのは03年。当時はまだ1万7930円の老齢加算があった。

しかし、それが04年から9000円ほど削減され、次は6000円ほど、その次は3000円ほどと、3段階かけて削減されて廃止されてしまった。

この状況を受けて、全国から「裁判をしよう」という話が持ち上がる。そうして07年5月、勇さんも老齢加算の廃止はおかしいと「生存権裁判」の原告の一人となった。尼崎からは、勇さんを含め、4名が原告になったという。裁判を支えるのは、〈尼崎生活と健康を守る会〉だ。

会の事務局長であり、生活相談員の早川進さんは言う。

「老齢加算が下がった時、やっぱり悲鳴が聞こえたんですよね。でも、生活保護って叩かれ続けてきたので、誰も反論できない。下がっても、贅沢やから下がったって言われて、みんなずーっと頭を下げ続けないといけない。それを見てて、とにかく頭を上げてほしい、胸張って生きてほしいって」

ちなみにやはり小泉政権下では、生活保護を受ける母子世帯への母子加算も廃止されたのだが、こちらは民主党政権になってすぐの09年に復活。

「なんで母子加算は復活したのに、老齢加算は廃止のままなんでしょうね？」

素朴な疑問を口にすると、早川さんは一言「数が多いからでしょう」と即答した。その通りで、現在、生活保護を受けている世帯の半数以上が高齢者世帯。一方、母子世帯は約7パーセントだ。

この国の政治が語られる時、「投票率の高い高齢者に優しい」という言葉をよく耳にするが、「貧しい高齢者」にはこの仕打ちなのである。

## 「健康で文化的な最低限度の生活」の値段

さて、こうして〈生存権裁判〉が始まったわけだが、声を上げたのは勇さんたちだけではない。東京、京都、福岡、広島、新潟、秋田、青森、熊本でも裁判が始まった。全国9都府県で100人以上が原告となり、〈生存権裁判〉を闘ってきたのだ。が、結果はというと、東京、京都、福岡は最高裁で敗訴を言い渡され、広島、新潟、秋田、青森、熊本では上告棄却・上告不受理という決定。唯一福岡高裁では「老齢加算は正当な理由がなく廃止されたから生活保護法に違反する」として原告勝訴の判決が出たが、最高裁では敗訴となった。

そんな生存権裁判で、ただ一つ続いているのが勇さんが原告となっている兵庫の生存権裁判。神戸地裁で棄却され、大阪高裁でも棄却。現在、最高裁での受理を待っている状態だ。

その間にも、尼崎のメンバーを含めた神戸地裁を闘った原告は、9人から8人に減った。1人が亡くなったからだ。また、残った8人のうち1人は病院に入院中、もう1人は特別養護老人ホームに入居した。文字通り、「命がけ」で闘われている生存権裁判。そして「残り一つ」となったこの裁判は、最後の砦のようなものでもある。

勇さん、早川さんが問いたいのは、老齢加算は何を根拠として廃止されたのかということだ。早川さんは言う。

「健康で文化的な最低限度の生活の値段って、どうやって決まってるのっていうのが私の中でずっとあって。積算根拠を知りたいんですよね。1日の食費をいくらで見て光熱費をいくらで見ているのか。今、エアコンが当たり前の時代ですけど、エアコンがつけられないお年寄りがたくさんいて、熱中症で亡くなる人もいる。でも、（生活保護を受けている高齢者に）エアコンつけようって言っても、4人に1人くらいは『いらない』って言うんですよね。『なんで？』って聞くと、『電気代がかかるから』」

先に書いたように、勇さんの部屋にはエアコンはあるものの、ほとんど使っていない。

取材に同席してくれた69歳の男性（生活保護受給中）は言った。

「だいたい普段は電気代、2000〜2500円くらいです。クーラーをつけた途端に8500円くらいになる」

ちなみにこの男性の保護費は、70歳の誕生日が来た途端に3600円引き下げられるのだという。

「これで電話代が払えんようになったって人もいました」

生活保護費は、このように年齢によって変動する。が、70歳といえば、十数年前であれば老齢加算が支給されていた年齢だ。

エアコンを極力つけずに節約しても生活は楽ではない。勇さんはいつも、スーパーが安売りになる時間帯を狙って行くという。

「僕のところの近くにスーパーがあるんやけどね、ちょっと高いから、少し遠くのスーパーに行くようになったの。そこに16時半に行くとね、値下げしたのを貼ってくれるんだ」

食費はそうして節約できるが、削れない出費もある。

勇さんが今楽しみにしているのは、週に2回のデイサービス。友人もできて、行く日を心待ちにしているという。しかし、そこに立ちはだかるのもやはり、お金の壁だ。
「デイサービスに行くと、昼食代が400円かかるんです。それと風呂に入って、1日700円かかる。月に9回くらい行くから、6300円払わないかん。デイサービスは行って楽しいけど、もうやりくりやりくりでね」

普段、よほどのことがないと1回の食事に400円などかけられないという。

そもそもこういったデイサービスにかかる費用こそ、老齢加算でまかなうべきものではないのか。

また、早川さんの知人の高齢者（生活保護受給中）の中には、公民館でやっている絵手紙教室に通いたいものの、材料費や講師謝礼などで週に2000円ほどかかることから、諦めている人もいるという。「健康で文化的な最低限度の生活」。憲法25条の言葉が、なんだか空しく思えてしまう。

さて、そんな生活保護での生活だが、勇さんの家賃を除いた額は約7万円。ここから電気・ガス・水道・通信費などが1万5000円かかるとしたら、残りは5万5000円。1日に使えるお金は2000円未満だが、ここから食費だけでなく洗剤など様々な生活用品や交通費、衣服代などもかかってくる。あなたは果たして、やっていく自信があるだろうか。

「いや、自分はもっと少ない収入でカツカツで暮らしてるから、生活保護とか老齢加算復活とか甘えてる」とおっしゃる方、どうか今すぐ福祉事務所の窓口に行ってほしい。その生活は「国が定めた最低生活費以下」の暮らしなので、収入があったとしても、「最低生活費に足りない分」が保護費として支給される。

## 墓参りに帰りたい

さて、勇さんは最近、「老齢加算があったら」とつくづく思うことがあったという。

それは〈生存権裁判〉の原告として集会で発言するため、東京に行った時のこと。心臓動脈瘤と高血圧を抱える身。医者からは心配する声もあったが、「どうしても行きたい」と勇さんはカンパなどで交通費をまかなって東京に行き、舞台でスピーチしてきた。

茨城に住む姉の長男から電話があったのは、尼崎に戻ってからのことだった。東京に日帰りで行ったことを伝えると、姉の長男は「それは残酷だな。一晩でも東京に泊まってて、こっちに連絡あったら会えたのに」と言ったのだ。交通費は出ても宿泊費のことは考えていなかったため、日帰りする以外なかった。姉は98歳で入院中。勇さんはしみじみと言う。

「老齢加算があったら、その金で姉に会えるっちゅうことね。あの時、つくづく感じた」

86歳の弟が、金銭的な理由から98歳の姉に会えない。もしかしたら、最後のチャンスだったかもしれないのに。私も含め、多くの人が当たり前にしている親や兄弟を含めた親戚付き合いは、最低限のお金があってこそ叶うものなのだという現実に、改めて衝撃を受けた。

「老齢加算が復活したら、他にやりたいことはありますか」

そう問うと、勇さんは「まず墓参りに帰りたいね」と即答した。

最後に墓参りに行ったのは、もう10年以上前。生活保護を受けたことによって数十年ぶりに勇さんの居場所が姉にわかり、一緒に墓参りに行ったのだという。その時は姉がお金を出してくれた上、まだ老齢加算が支給されていたので今よりは余裕があった。

「今は行けないね。新幹線で1万5000円から2万円くらいかかるかわからんけど」

お見舞い、墓参り、葬式――。まさに高齢ならではの社会的費用だが、老齢加算の問題に取り組む中で、支援者である早川さんは「ある制度」を発見する。

「(生活保護を受けている人が) お葬式に出るための交通費、『出ない』って言われて、ずっと出ないもんだと思ってたんですけど、三親等の葬式に行く交通費一人分は出しますよってことになってたんです。『父親が亡くなったのに、行く金がなかった』って言ったら、『いや出ますよ』って話になって。保護手帳を見たら、たしかに出すって書いてあった」

しかし、あくまでも一人分の交通費のみで三親等以内。香典などはもちろん自腹だ。ちなみにお葬式は突然来るので、その日は役所が休みということもある。そのような場合は、「行った先からでもいいから」電話すればいいという。また、葬式に行ったことを証明するもの、例えば「お膳で出た箸袋」や「香典返し」などを持って帰ってくればいいという。

お葬式の交通費が出ることに関しては、この日、私も初めて知った。早川さんは言う。

「一番の問題は、ケースワーカーの方が情報については絶対優位なんですよ。なのに、絶対向こうからは言わん。最近は、ケースワーカーの中にも情報を知らん人がぎょうさんおる」

生活保護制度に限らず、この国の役所は「ある制度・使える制度」を率先して教えてはくれない。自分で調べぬいて「こういう制度があるはずだからそれを使いたい」と言ってはじめて対処してくれるというケースのなんと多いことか。

ちなみに、交通費への配慮があるのはお葬式だけで、お見舞いや墓参りは含まれない。これでは、親族が「危篤」という連絡があっても、駆けつけることは難しい。

## 「生存権」の意味

さて、現在は顔を出し、名前を出し、積極的に自らが前へ出て老齢加算問題について訴えている勇さんだが、3年前までは野外の会場や街頭でスピーチしたことはなかったという。それがなぜ、堂々と顔も名前も出して前面に出るようになったのか。

勇さんは淡々と言った。

「あれは3年前か。尼崎の駅で初めて喋ったのは。やっぱりね、みんなが本気になって、自分ももう先が短い。病院での診断の結果もあって、これはやらないけんなっていう気になった」

83歳にしての街頭演説デビュー。80代でも、人間は周りの熱意に押され、勇気を出して新しいことを始められるという事実に、なんだか胸が熱くなってくる。

さて、この裁判は憲法25条の理念に反するとして提訴されたわけだが、勇さんにとって、25条の生存権はどんな意味を持っているのだろうか。

「いや難しい問題だな」と勇さんは笑うと、訥々と続けた。

「まぁ、そうだな。人間らしく生きる権利、って憲法に書いてある。なのに、国がその生きる権利を奪っていきよるんだからな。生活保護は他の制度と絡んでいて、年金、賃金、保険、いろいろなものに連動しよるのね。なんとかして老齢加算を復活しなければ、国民が人間らしく生きる権利を奪われて、社会保障が壊滅させられるんじゃないかって。今、憲法を改正しようとかいろいろ言われてるのに対して、非常な懸念を持っている」

## 社会保障費削減と防衛費

勇さんの指摘した通り、生活保護の基準は、様々な制度と密接に絡んでいる。2012年末、第二次安倍政権が発足し、すぐに生活保護基準の引き下げが決められた。13年から3段階に分けて引き下げが始まったのだが、このことによって少なくとも38もの制度が影響を受けたと言われている。例えば、経済的な理由から給食費や学用品費、修学旅行費が負担できない家庭に支給される就学援助。今や小中学生の6人に1人が受けている。この制度は生活保護を基準としているため、生活保護基準が下がったことによって、収入は変わっていないのに就学援助を受けられなくなる世帯が生み出された。また、住民税が非課税になる額の設定とも連動しているため、収入は変わらないのに非課税世帯から課税されるようになった世帯も続出。そうなると、医療、介護、福祉などの分野で、負担減免になっていた世帯に自己負担が発生したりと様々な制度に影響が出たのである。

「自分は生活保護など受けていないから関係ない」と多くの人が思っていたわけだが、実は生活保護を受けていない低所得世帯にも、引き下げは大きな影響をもたらしたのだ。

それにしても、勇さん、よく勉強していて、最新のこともよく知っている。感心していると、早川さんは言った。

「勇さんは原告になってから、すごく勉強してるから。勇さんに限らず、原告になると、皆さん本当にすごく勉強されるんです。勇さんは80歳になってもこれだけ勉強している」

そんな勇さんに、現在、社会保障費の削減が続いていることに関して聞いてみた。ちなみに15年度の社会保障費削減額は3900億円。が、これだけ削減する一方で、3600億円かけてオスプレイを購入するそうだ。

「まぁ結局社会保障費を削減するということは、他の何かにいくわけやな。早く言えば防衛費とか、そういうのに回す。そやから、社会保障費を削るいうことは、誰かが惨めな思いせにゃあかん。それを結局弱者に持っていきよるわ。金持ちから税金でも取ればいいのに、弱者から全部その制度を引き下げていく。賃金は上げない。年金は下がる。介護の給付も落ちるとかね。そういう制度は直していかにゃいけん。今度は最高裁の闘いやね」

淡々と語る勇さんだが、声には静かな決意が滲んでいた。

## 人の命を財源で語るな

現在、勇さんたちが闘う生存権裁判は、〈朝日訴訟〉を引き継ぐものとして語られることが多い。人間裁判とも呼ばれた〈朝日訴訟〉は、１９５０年代、重度の結核患者だった朝日茂氏が、当時の生活保護の水準が憲法25条の定める「健康で文化的な生活」を送るのに不十分な水準、憲法違反だとして提訴したものだ。一審で勝訴、二審で敗訴、最高裁は本人死亡のため終結となったものの、〈朝日訴訟〉を支援する輪は大きく広がり、日本の社会保障運動の原点とも言われている。また、高裁では負けたものの、一審判決の翌年には生活保護基準が16％、日用品費が47％も引き上げられるなど、確実に制度を改善・前進させた（詳しくは、『朝日訴訟から生存権裁判へ　いま、改めて「朝日訴訟＝人間裁判」から学ぶ』／あけび書房）。

そんな〈朝日訴訟〉が終結した64年から50年以上経った今、同じ理由で生存権裁判が闘われている。朝日訴訟の時は結核患者という病人。今回は高齢者。いつの時代も皺寄せを受けるのは、強いとは言えない立場の人だ。

勇さんの住む兵庫では、70年代、やはり生存権を巡る「堀木訴訟」という闘いもあったそうだ。全盲の視力障害者だった堀木文子さんという女性が、障害年金と子どもの児童扶養手当を並行して支給することを求めて闘った裁判。最高裁で棄却されたものの、生存権を巡る裁判は大きな注目を集めた。

早川さんは言う。

「弁護団の人たちは言うんです。『〈朝日訴訟〉は1人だった。〈堀木訴訟〉も1人だった。次に続いたのが勇さんたち9人だ』『人権裁判の道筋は朝日さんが開いて、それを堀木さんが神戸で開いて、茨の道を一人で切り開くのを弁護士たちがみんなで助けてきた。勇さんたちは9人でその道を広げてくれたんだ』と。そのあとに、年金者組合が〈年金訴訟〉を始めた。勇さんたちが開けた道を、今度は多くの年金生活者の人たちが切り開いて裁判をしてる」

早川さんの言う通り、15年、年金引き下げを違憲として、13都府県で1500人以上が原告となり、各地裁に提訴が行われた。

そして現在、生活保護を巡る新しい裁判が全国で起きている。先に書いたように、安倍政権になってから生活保護基準が引き下げられたことを違憲とする裁判だ。また、基準だけでなく、15年からは家賃の基準引き下げ、寒冷地で灯油代などのため支給されてきた冬期加算の引き下げが始まった。現在、27の都道府県で900人以上が原告となり、〈いのちのとりで裁判〉と名づけられた訴訟が行われている。

早川さんは言う。

「やっぱり構造改革推進の流れの中、お金を調整しながら福祉をやるっていう考え方の中で、しょっぱなに廃止されたのが老齢加算ですから。国際条約である社会権規約では、福祉は理由もなく後退させてはいけないとある。この裁判できちっと正せれば、後の基準引き下げや年金引き下げの裁判が、すごく有利になってくると思うんですよね」

〈朝日訴訟〉の一審判決の要旨には、次のようなものがある。

「最低生活水準を決めるときは予算の有無によって決めてはいけない。むしろ、予算を指導・支配するべきである」

この考えは、今の時代にこそ復権されるべきものではないのか。

「人の命を財源で語るな」

この10年、貧困問題のデモなどで必ずと言っていいほど掲げられてきた言葉だ。しかし、国の答えはいつも「財源がない」。そうして人の命よりも財源論が優先される社会で、「命」はいつの間にか軽くなっていった。財源によって、人権は値切られ続けてきた。

そして2016年7月、相模原の障害者施設で19名が殺害されるという痛ましい事件が起きたわけだが、容疑者の歪んだ差別意識は、そんな社会の空気と決して無関係ではない気がするのだ。「障害者」や「生産性のない者」をお荷物扱いするような風潮。

そんな意識から解放されないと、いつかその「お荷物感」は自分に向かって牙を剥く。少なくとも私は、働けなくなった途端に死ななきゃいけない社会は嫌だ。「役に立たない」自分を責め続けなくてはいけない地獄のような毎日なんて送りたくない。最低限の保障がない社会は、生きるために手段を選ばない社会だ。それは治安の問題などに跳ね返ってくるだろう。

取材の間、早川さんが勇さんに何度も言った言葉がある。

「勇さんの世代は、一番日本を支えてきた世代なんですよ」

勇さんはそのたびに、ちょっと照れた様子で、けれど嬉しそうに微笑んだ。

「戦時中の学徒動員で支える。戦後は、会社組織の一員として頑張った。オリンピックや万博があって好景気になって、バブルが来た。で、給料40万の時代が来た（笑）。その後バブルが崩壊して、どんどん土建屋の仕事がなくなってくる。だから一番支えて、翻弄された時代の人たちだろうなと思うんです」

勇さんの人生は、戦後史とそのまま重なる。

老齢加算を巡る最高裁の法廷がいつ開かれるかは、まだ未定だ。しかし、生活保護引き下げを巡る裁判や年金引き下げ違憲訴訟は、今まさに全国の裁判所で続いている。興味のある方は、ぜひ、傍聴してみてほしい。

最後に、〈朝日訴訟〉の朝日茂氏の言葉で締めたい。

「権利は闘う者の手にある」

なんか、シビれる。

# 11 〈相模原障害者施設殺傷事件〉を受けて

## ――〈スーパー猛毒ちんどん〉と、ALS患者たちの生きる実践

2016年7月26日未明、神奈川県相模原市の障害者支援施設で、刃物を使用した入所者への殺傷事件が起きた。第二次世界大戦後のこの国において、19人もの犠牲者は最多であり、また、事件後に逮捕された被疑者による「障害者は税金の無駄」などの侮蔑的な発言が大きな波紋を呼んだ。そして続く同年9月、「自業自得の人工透析患者は全員実費負担にせよ」「無理だと泣くならそのまま殺せ」というフリーアナウンサーのブログが炎上した。

この社会はどこに向かっているのだろうか。

「どんなに障害が重くても地域に当たり前に暮らす」ことを目指す〈虹の会〉のメンバーは、バンド〈スーパー猛毒ちんどん〉としても大活躍だ。本章前半ではそんな彼らに、そして後半では、意識は最後まで清明であるにもかかわらず、身体の運動機能が徐々に停止していく病気〈ALS〉に罹患した母親の介護を巡る『逝かない身体』を著した、〈日本ALS協会〉理事の川口有美子さんにお話を聞いた。

## 〈スーパー猛毒ちんどん〉との出会い

2016年7月、史上最悪の殺人事件が起きた。

相模原の障害者支援施設で、19名が殺害されたのだ。

容疑者として逮捕されたのは、この施設の元職員である植松《うえまつ》聖《さとし》、26歳。植松容疑者は事件前、衆議院議長に宛てた手紙の中で、障害者の生存そのものを否定するような、目を覆いたくなるほどの差別意識に満ちた「持論」を展開していた。

事件の全容は、いまだ解明されていない。

しかし、あの事件は、今も私の胸に、そしてこの社会に突き刺さったまま、その傷口を膿ませ続けている。

障害者には生きる価値がないと命を奪った男。だが、その男もまた、精神障害を疑われ、措置入院していたという事実。差別が入れ子構造になっていて、どこから考えていいのかわからない。

そんなことを悶々と考えていた頃、あるバンドのライブに行った。

事件から約4か月後、11月のことだ。

バンドの名は、〈スーパー猛毒ちんどん〉。数年前から、名前は知っていた。白塗りメイクにはだけた着物姿で暴れ回るようなメンバーたちのライブ写真を目にしたこともあった。しかし、ライブの数日前まで、私は〈スーパー猛毒ちんどん〉が「障害者によって結成されているバンド」であることを知らなかった。

以下、彼らのサイトにある「自己紹介」である。

「私たちはさいたま市の障害者団体『虹の会』です。『どんなに障害が重くても地域で当たり前に暮らす』ことをめざして、1982年より活動を続けています。その活動のひとつとして、この〈スーパー猛毒ちんどん〉というバンドを結成しました。主に、知的障害者が働く〈にじ屋〉のメンバーが中心となり、他業種のメンバーのサポートも受け、活動しています。

障害者のバンドと言えば、みなさんどんなイメージを持っていますか？ゆったり？ ほのぼの？ 勇気をもらえる？

私たちのライブで、そのイメージは見事に打ち砕かれる事を確信しています。

ちんどんとは名ばかり。基本的にはロックショーです。ドラム、ベース、ギター、ボーカル、踊り、旗振り、音響、絶叫担当と、さながら魑魅魍魎、混沌の演舞。『おれたちは先生にいじめられた』から始まるオリジナル曲『いじめ』を含め、オリジナル曲、カバー曲で構成しています。

障害者は勇気を与えるために生きてるわけじゃない。

私たちはこれからも『猛毒』を名乗り続けるでしょう。常識を打ち破り、お世話される対象としての障害者像を壊したい。信じるために懐疑しようぜ。作られた意識を疑ってみようぜ。そんな気持ちをロックします！

オレたち、イカれたスーパースター〈スーパー・猛毒・ちんどん〉

あなたの中に、混乱と混沌の灯りが射し込む。ぜひ観て、聴いて、感じてください！」

２０１６年11月3日、東京は幡ヶ谷の小さなライヴハウスのステージで歌い踊り叫ぶ彼らは、神々しいほどにカッコよかった。

その時のことを、私はライブ直後に書いた原稿で以下のように表現している。

「なんだかもう、今にも爆発的に泣き出しそうで、叫び出しそうで、正気を保っているだけで精一杯だった。だけど多幸感にも満ちていてデタラメに楽しくて、そしてそこには剥き出しの生命力みたいなものが溢れていて、ただただ圧倒されていた」

ステージに乗り切らないほどたくさんの「イカれたスーパースター」たちは、白塗りメイクに着物やチマチョゴリ、原色のドレスなどの派手な衣装に身を包み、ステージで、そして客席で、全身全霊で歌っていた。

「おれたちは先生にいじめられた　養護学校の先生にいじめられた　動きがのろいって蹴られた　こんなのもできないのって殴られた」

みずからの体験を歌詞にした『いじめ』。それを歌う彼らの顔は、底抜けに明るい。『アンタの障害者年金がなかったら一家が生活できないの』という曲では、きわどい歌詞を全員で熱唱。

「ごめんね娘よ　アンタの年金がなければ生活できない　奇数月の15日　市役所からの振り込みがある　これでやっと　水道代が払えるわ　アンタが欲しがってた鞄　買ってあげるわ　ああ　これでやっと家賃が払えるわ」

『誰かに話したら警察に捕まっちゃうからね』という曲の歌詞は、更に更に、きわどい。みんなが「えらいこっちゃ　えらいこっちゃ」と合いの手を入れる中、ボーカルの男性が歌う。

「ママ　今夜もボクの布団に　やわらかい胸がカラダにあたる
ママ　毎日　風呂場に乱入　優しい指先で　ボクをなでる
パパ　あなたが旅立ってから　ママが毎日ボクの寝床に
ママ　お願い　じらさないで　怪しい指先で　ボクをなぞる
ママ　あなたがそばにいたなら　世界はすべて　ボクのモノだよ
ママ　あなたの優しいまなざしで　ボクのすべてを　包んで
ママ　あなたの優しい声が　ボクのカラダとココロを満たす
ママ　優しく動くその唇　安らかに眠る　夜の儀式」

ライブの中盤、ピエロのようなメイクをした車椅子の女性が歌った『あしがない』という曲も名曲だ。

「手も足も自由に動かせないからね　あの人になにも　してあげられないから」「わたしにはあなたの部屋にいく　足がない」「わたしにはあなたにかける　声がない」「あなたのまえで泣きわめく　声がない」「あなたを満足させることも　できない」

はたまた『怨歌』という曲の歌詞も強烈だ。

「ちてきなかいわにもうんざりだ　げんぱつなんかどうでもいい　いますぐせかいがおわりゃいい　センズリもできないねたきりのオレにきみはやさしいけれど　きみにおそいかかるおおかみになりたい」

ライブ終盤には、『ションベン』という曲を客席も一緒になって大合唱。

「ションベンしたいのに　よんでもこない　もれちまう　ずっとガマンでねむれない　なんどもよぶとおこられる　オレがなにかしたのかよ　ああはやく　にんげんになりたい！」

## 〈相模原事件〉と〈感動ポルノ〉

相模原の事件から約1か月後、「感動ポルノ」という言葉が話題となった。『24時間テレビ』の放送中、その裏番組としてNHK・Eテレの番組『バリバラ』（バリアフリー・バラエティ）が、「検証！〈障害者×感動〉の方程式」という番組を放送したことがきっかけだ。番組ではオーストラリアの障害者女性、ステラ・ヤング氏のスピーチが紹介された。

「残念ながら私は『感動』させにきたのではありません」と前置きした後、車椅子に乗った彼女は続けた。

「手がない女の子が口にペンをくわえて絵を描く姿、カーボンファイバーの義肢で走る子ども。こうした姿を見た時、皆さんは『自分の人生は最悪だけど下には下がいる。彼らよりはマシ』だと思うでしょう。私たちはこれを『感動ポルノ』と名付けました」

障害者は、健常者に勇気や感動を与えるための道具ではない。彼女はそう主張したのだ。

同様に、〈スーパー猛毒ちんどん〉も、「障害者は勇気を与えるために生きてるわけじゃない」と主張する。

長らく、メディアに登場する障害者像は決まりきっていた。「障害」という「不幸」を背負いながらも頑張る姿ばかりが求められてきた。清く正しく美しい障害者像以外は決して描かれず、時に「天使」像まで押し付けられてきた。

一方で、相模原事件の容疑者は、彼らの存在価値を根底から否定する言説を繰り返していた。だけど、この日のステージで、私は何度も聞いた。

「障害者はゴミでも天使でもない！」

この日、〈スーパー猛毒ちんどん〉とコラボした、生きづらさを笑いに変えて共有するイベント〈こわれ者の祭典〉メンバーの成宮アイコさんが口にした言葉だ。

障害者はゴミでも天使でもない。

この日から、私の頭には〈スーパー猛毒ちんどん〉のライブが焼き付いて離れなかった。「感動」という言葉が陳腐になるほど、魂を揺さぶられた。むき出しの、力強い人間讃歌がそこにはあった。

11月末の月曜日の昼間、私は彼らに話を聞くため、埼玉の作業場所を訪れた。

## 年商1600万の〈にじ屋〉から

作業場所となっている一軒家には、素顔で普段着のメンバーたち十数人ほどが、荷物を運んだり雑巾がけをしたりと忙しく働いていた。

「お、あの人、ボーカルの人！」「あの人はたぶん後ろの方でドレス着てた人だな……」。それぞれの顔に見覚えがあるものの、みんな忙しそうなのでなかなか話しかけるチャンスは巡ってこない。男女比で言うと若干男性の方が多く、若い人の姿が目立つ。そして若い男性は、ほとんどが髪を金髪に染めている。車椅子の女性もいれば、持ち運びできる酸素ボンベのようなものを転がして歩く若い女性もいる。

二十数人いる〈スーパー猛毒ちんどん〉のメンバーは、普段、この近くにあるリサイクルショップ〈にじ屋〉で働いているのだという。月曜日は作業と会議、火曜日は休みで、水曜日から日曜日は〈にじ屋〉で働くというスケジュール。周辺で一人暮らしをしている人も多いそうだ。

作業が一段落ついたところで、〈スーパー猛毒ちんどん〉のコンポーザーであり、障害者の地域生活を支援する〈虹の会〉の副会長である佐藤一成《さとうかずしげ》さんにお話を伺うことができた。ステージではみずからも白塗りとなり、バンマス的な立ち位置でバンドを仕切っていた人だ。この日も、みんなと一緒に働きながら作業を仕切っていた。その様子を見ていると、ここの誰もが彼を兄のように慕っているのがよくわかる。

1966年生まれの佐藤さんは、大学生だった85年頃、〈虹の会〉にボランティアとして関わるようになったという。それから、約30年。もともとは車椅子生活の人の地域生活を支えていた〈虹の会〉だが、10年ほど前から知的障害の人たちも加わるようになり、リサイクルショップ〈にじ屋〉を始めるようになったという。

「知的障害の人たちは身体が動くわけだから、なんか商売やってもいいんじゃないかって。それで始めたんです」

そんな〈にじ屋〉では、寄付されたものを販売し、その売り上げがみんなの給料になっている。年商は1600万円ほど。10代から60代までの幅広い年代の人が一緒に働く。

## 「健体者」が怖い

そんな〈にじ屋〉の人々で結成されたのが〈スーパー猛毒ちんどん〉というわけだが、いつ、どこで、どのような形で結成されたか、佐藤さんの記憶は曖昧だ。

「よく聞かれるんだけど、はっきりしないんですよね（笑）。井上（〈スーパー猛毒ちんどん〉の自称リーダー）が一番最初に、なんかやりたい、みたいなことを言い出したんじゃないかな。彼はその時まだ、養護学校の高等部を出たばかりで。で、『障害者祭り』っていうのがあるので、そこでちょっとやってみようか、ってなったのが最初で」

当初は、阪神・淡路大震災の時に避難所などで演奏活動を続けた〈ソウル・フラワー・モノノケ・サミット〉のような、「電気がなくても演奏できる」スタイルだったという。が、だんだんそれでは飽き足らなくなった。徐々にオリジナル曲もできていく。最初のオリジナル曲は、前述した『いじめ』。井上さんの経験を歌詞にして、佐藤さんが作曲した。そうして様々な場所に呼ばれるようになっていくと、「一緒にやりたい」という人たちが現れるようになった。現在のバックバンドのメンバーだ。障害はなく、普段は一般企業で働く人々。そうして〈スーパー猛毒ちんどん〉は、10年ほど前から本格的に活動を始めるようになる。

現在のような「白塗りメイク」をしたのは途中からだという。一度ノリでやってみると、「すごいカッコよかった」。

「『ちんどん屋さん』だし、やっぱり面白い方がいいし。そうしたら、見た人たちから『妖怪の集まりみたいですね』『魑魅魍魎ですよね』とか言われて」

たまたまやってみた白塗りメイクが、〈スーパー猛毒ちんどん〉に絶妙にハマった瞬間だ。

「そういう感じで、真剣にコンセプトを考えて、そこに向かってなんかやったって感じじゃないんです」と佐藤さん。

〈にじ屋〉で働く人々は基本的にバンドのメンバーだが、中には「バンドはやらない」という人もいる。そういう場合はもちろん無理強いしない。しかし、1年ほど経つと、「やります!」と言い出すという。

「ステージを見た人たちがあれだけワーッて言ってくれたら楽しいし、やりたくなるんじゃないかな。彼らにはそんなこと、それまでの人生で一度もないんだから。例えば30年生きてきて、どっかっていうと学校でずっといじめられてきて、便所で蹴られてって来てたのに、ステージに出たら自分をいじめてたような人がワーワー言ってくれるわけでしょ？　そりゃ楽しいよね。

彼らは健体者（佐藤さんは〝健常者〟ではなく〝健体者〟という言葉を使う）が怖いんです。お店に行っても店員が怖いし、道を歩いてる時も何か言われるんじゃないかって怖いし。そもそもいじめられたっていうのもあるけど、わかんないことを言ってくる相手でもある。でもステージでは、健体者との力関係が変わる。それが生きていく上での自信みたいなものにも繋がる。だから、絶対カッコよくなきゃいけないですよね」

そう、〈スーパー猛毒ちんどん〉は、障害云々の前に、文句なしにバンドとして最強にカッコいいのである。

## 日常を歌い、「自由」を味わう

しかし、障害があるからこその大変さもある。例えば歌詞一つとっても、覚えるのは大変だ。字が読めない人もいるからだ。

「字がわからないから俺が何度も歌って、それを聞いて覚える。読める奴には歌詞渡すけど、とにかく耳で聞いて聞いて、覚えるんです」

また、歌詞を作る時には、みんなにこれまでの経験を出し合ってもらうという。

「例えば黒板の前でね、みんなで昔いじめられてた時の話をしてもらって、それを板書して、字数を揃えて歌詞にする。最近だと『トクちゃん』っていう曲の歌詞をみんなで話し合って決めました。自分たちが歌うんだから、自分たちの日常を歌った方がいい」

『トクちゃん』の歌詞は、以下のようなものだ。

「オレのあだなは『トクちゃん』　とくがくだから『トクちゃん』
いちにちだれともはなさない　バカがうつるって　けられた
ぶつかったらチカンといわれ　きゅうしょくは　せんせいとふたり
オレのあだなは『トクちゃん』　とくがくだから『トクちゃん』

おわかりの通り、「とくがく」とは「特別支援学級」のことだ。

佐藤さんと話をしていると、先ほどから話題に上っていた自称「リーダー」でボーカルの井上《いのうえ》正《まさ》邦《くに》さん（34歳）がお弁当の買い出しから戻ってきた。やっぱり金髪だ。なんでも金髪の人は、佐藤さんに染めてもらっているという。早速、焼肉弁当を食べる井上さんにご挨拶しつつ、お話を伺う。

知的障害がある彼は、養護学校を卒業した18歳の頃から〈虹の会〉に参加するようになったという。最初は実家から通っていたものの、〈にじ屋〉で働き、給料を得るようになってからは近くのアパートで一人暮らしを始めた。家賃は5万2000円。〈にじ屋〉の給料は6万1300円。そこに月6万円ほどの障害年金がプラスされる。やりくりすれば、一人暮らしができる。というか、いわゆる障害者の「作業所」でそれほどの給料が貰えることに私は驚いていた。私が知る多くの作業所の工賃は、月に1万円ほど。さすが80年代から「障害者の自立」を目指してきた〈虹の会〉である。

井上さんの日常は、〈虹の会〉とともにある。

普段、朝食は職場でとり、リサイクルショップの休業日以外は19時頃に仕事が終わる。その後は映画に行ったりプロレスに行ったり飲みに行ったりすることもあるという。ここにいる知的障害の多くの人が、そんなふうに一人暮らしを満喫している。親元にいれば決して味わえない自由だろう。

## 「仲間がほしい」

佐藤さんは言う。

「ウチは結構いい加減だから、飲みたかったらお酒も飲むし、アダルトビデオとかもある。だけど親からすると、『障害者にお酒を飲ますとは何事だ!』っていうのがあるんですよ。アダルトビデオももちろん『ダメ』って話になる。そういうのが嫌な親がいるんですよね」

障害者は天使じゃない。そんな言葉が蘇る。だけど、障害者の性を「なかったこと」にしたい親たちは少なくないのもまた事実だ。

「だからここに『もう行くな』って、親に軟禁された人もいる。最終的には隙を見て逃げてきたとか」

親元ではなく、長い間、施設にいた人もいるという。佐藤さんが驚いたのは、小倉さんという男性の話。

「10年もいたのに、施設のこと何も思い出せないんですよ。5人くらい一緒の部屋だと思うんですけど、同室の人の名前も思い出せない。それは思わずクラッとしましたね。彼、ここに来てからのことはいろいろ話すんだけど、施設のことは本当に覚えていない」

施設では、薬も飲んでいたという。記憶がないのは、そのせいもあるのだろうか。あるいは、それほどにコミュニケーションがなかったのだろうか。〈にじ屋〉で働くようになって1年半、現在は薬もほとんど飲んでいないそうだ。

その話は、私にとっても衝撃だった。なぜなら、小倉さんはライブの際、私に鮮烈な印象を残した人だったからだ。金髪のカツラに黄色いドレスに白塗りメイクという女装姿の彼は、マイクを握りしめながらもほとんど歌わず、だけど本当に嬉しそうにニコニコと客席を見ていた。なんだか見ているこっちが幸せになるような笑顔で、そんな表情豊かな彼にそのような過去があるなんて、想像もつかなかったからだ。

佐藤さんや井上さんに話を聞いていると、それぞれ昼食の買い出しに行っていた人たちもいつのまにか全員戻っていて、思い思いの場所で思い思いのものを食べている。コンビニ弁当、ホカ弁、インスタントラーメンを作って食べている人もいる。自分の好きなものを買って食べること。さっきの話を思い出して、施設にいたら、それは「叶わぬ夢」なのだな、と思った。メニューは決まっていて、出されたものを食べるしかない。もちろん、栄養などは完璧に管理されているだろうけれども。今の目の前の、一見当たり前の光景が、なんだかすごく特別なものに思えてきた。

焼肉弁当を食べ終わると、井上さんが袋に入った「カレー粉」を持ってきてくれた。聞けば、〈虹の会〉に来る前、ある企業内の実習として「カレー粉を袋に詰める」作業をしていたのだという。その話を傍で聞いていた小林さんという32歳の男性が、「自分は煎餅屋にいた」と話してくれた。しかし、煎餅工場での仕事は孤独で、話す人は誰一人いなかったという。そんな自分たちの経験が歌詞になった曲が、『おれは仲間がほしい』なのだと、井上さんが教えてくれた。

「毎朝同じ　電車にのって工場へ
カレーの粉を　一日中袋づめ
隣のおばさんの　名札の文字が読めない
そういえば朝から　誰ともしゃべってない
窓の外には　たんぼが　広がり
このコンクリの　工場の中で
オレは黙って　カレーをつめる　笑うことも　忘れた
おれは　仲間が　仲間が　ほしい
ふざけて　笑える　仲間が

毎朝同じ　電車にのって工場へ
しょうゆまみれで　せんべいを焼きつづける
昼休みには　オレはみんなの話を
背中できいて　下を向いてめしを食う
窓の外には　たんぼが　広がり
このコンクリの　工場の　中で
おれは　仲間が　仲間が　ほしい
ふざけて　笑える　仲間が」

## 夢は、バンドでツアー

「リーダーとして、これからバンドをどういうふうにしていきたいですか？」

井上さんに問うと、素っ気なく「知らない」という返事が返ってきた。

「もっと歌をいっぱい作るとか、ありますか？」

そう聞くと、「作ってない」という返事。

やり取りを聞いていた佐藤さんが、「なにカッコつけてるんだよ（笑）」と井上さんを茶化す。どうやら井上さん、取材にちょっと緊張しているようである。

「〈スーパー猛毒ちんどん〉の、目標や夢はありますか？」

そう聞くと、井上さんの目は一瞬キラリと光り、「ツアーしたいね」という返事が返ってきた。

全国ツアー。いや、世界ツアー。

私は彼らのライブを、全国、全世界の人に見てほしいと思っている。そしてツアーが開催されたら、ぜひ「追っかけ」をしたいと思っている。

〈スーパー猛毒ちんどん〉は、間違いなく、これから大ブレイクするバンドである。

チケット入手が困難になる前に、早めにライブに行っておくことを勧めたい。

私の中で、世界一カッコいいバンド。それが〈スーパー猛毒ちんどん〉だ。

## 「第一の相模原事件」とは

さて、相模原事件の衝撃から綴り始めたこの章だが、ここでまず紹介したいのは、「第一の相模原事件」といわれる事件についてだ。

それは２００４年、密室で起きた。

事件の被害者は、「ＡＬＳ」を患う40歳の男性。

ＡＬＳ（Amyotrophic lateral sclerosis／筋萎縮性側索硬化症）とは、身体中の運動機能が徐々に停止していく病気。動けなくなり、喋れなくなり、いずれは呼吸もできなくなり、呼吸器をつけなければ死に至る。原因は、不明。治療法も、今のところない。

被害者の男性が亡くなった原因は、自宅で介護をしていた母親が呼吸器の電源を切ったこと。母親はみずからも自殺を図ったものの死にきれず、嘱託殺人罪で懲役3年、執行猶予5年の判決を受けた。ＡＬＳの息子の介護を、たった一人で母親がすべて担っていたが、母親は負担を口にしたことがなかったという。「ケアの密室性」からして異常な状況だった。だが、再発防止策は練られず、執行猶予を受けた母親は更に孤立し、夫が自殺をほう助するという二重の殺人事件に発展した。

この事件を私に教えてくれたのは、みずからの母親がＡＬＳとなり、12年間にわたって介護を続けた川口《かわぐち》有美子《ゆみこ》さん。現在、日本ＡＬＳ協会理事。ＡＬＳ家族の選択と葛藤を描いた『逝かない身体』（医学書院、２００９年）は、第41回〈大宅壮一ノンフィクション賞〉を受賞した（２０１０年）。

そんな川口さんの日常は、「障害者は役に立たない」などとする植松容疑者の想像を遥かに超える実践に満ちている。

「私の周りでは、重度障害で意思疎通ができない人が、家で普通に家族と団欒して、外出もして、一緒に映画に行ったりしていています。その人のケアは家族の中だけで完結してるんじゃなくて、社会参加も実現しているんで驚きです。患者会やＰＴＡに参加して、役員にもなってるんですよ。いわゆる『植物状態』の人ですが、意思決定機関にちゃんと入ってる。笑っちゃうくらいすごいことですよね。その団体では『植物状態』の人の気持ちを汲んだ運営をしているってことです。私たち、こういうことができるんですよね」

一体全体、どういうことなのか。なぜ、川口さんの周りでそんなことが起きているのか。何か「奇跡」でも起きちゃってるのか。

その背景には、川口さん、そしてALS患者とその家族たちの長い闘いがあった。

## 「死ぬ」のか「生きる」のか

川口さんの母親がALSを発症したのは、95年のこと。当時、夫の転勤でイギリス在住だった川口さんは、急遽帰国することとなる。病気の進行は早く、帰国そうそう突きつけられたのは、母親に呼吸器をつけるかつけないかの選択だった。

呼吸器をつければ、身体は動かず何もできないけれど、長く生きる。が、その分、家族は大変な介護を強いられる。しかし、呼吸器をつけなければ死ぬ。母親も家族も、医者にそんな「究極の選択」を迫られたのだ。

もし、あなただったらどちらを選ぶだろう。「家族に迷惑をかけるのは忍びない」と思うかもしれない。しかし、「生きていたい」と願う気持ちもあるはずだ。ちなみにALSの患者で呼吸器をつける割合は3割。7割の人が、様々な事情から死を選択せざるを得ない状況があるのだ。

川口さんの母親も、最初はつけないという意志だった。しかし、途中から、つけたいという思いに変わってきたことがわかったという。そうして本人の同意により、呼吸器を装着。呼吸器をつけると同時に在宅介護に移った。家にいたのは父親、妹、そして川口さん。そこから交代で「睡眠時間4、5時間以外はずっと介護してるみたいな」日々が始まった。およそ15分に一度の痰の吸引。3分に一度くらいの唾液の吸引。体位の交換も必要だ。喋ることができないので、コミュニケーションは透明な文字盤を目線で読んで行う。が、慣れないと思うように意志疎通ができず、時にイライラして喧嘩になってしまうこともある。最初の1週間は緊張してお風呂にも入れず、着替えて眠ることさえできなかったという。幸い父親は現役で働いていたから生活はなんとかなったが、川口さんの妹さんは仕事を辞めている。

そんな生活から8年後の2003年、川口さんは訪問介護事業を始める。ALSの患者にヘルパーを派遣する会社だ。最初は母親を含めて4人のALS患者を、6人から10人のヘルパーで回していた。そのうち、もっと人手が必要になり、川口さんはヘルパーを養成する研修事業も始める。これまでに、なんと千人以上を養成してきた。

「仕事はないけど身体は元気という人を、ヘルパーとして養成して、障害者の制度を利用して有償で働いてもらうんです。そのことが、仕事がない人に仕事を提供することにも繋がっています。病気や障害や高齢で困っている人を、生活には困っているけど元気な人が介助する。こうして困っている人の中でお金が循環していくのです。そういうところにこそ、国はお金を投入していくべきですよね」

現在、川口さんの事業所から派遣されるヘルパーの時給は平均1680円。200時間働けば、月収は30万円以上だ。

そうしてヘルパーの助けを得ながら、多くのＡＬＳ患者が地域で生活している。しかしその道のりは決して平坦ではなかった。

病院から出て、地域で暮らしたい。一人暮らしをしたい。そんなふうに思っても、呼吸器をつけ、喋ることも身体を動かすこともできないＡＬＳ患者の思いを、誰も本気で受け止めなかったからだ。しかし、これまで多くの患者が「呼吸器をつけても地域で暮らすこと」「一人暮らしをすること」を勝ち取ってきた。それはどのように可能なのか。

以前、川口さんからお聞きしたお話から、一つの事例を紹介しよう。

「京都の国立病院に、天涯孤独で死を待つだけのＡＬＳの男性がいたんです。

奥さんと別居していて（のちに離婚しましたが）、介護してくれる人もいない。普通は単身の方はなかなか呼吸器をつけることにはならないんですが、友人が彼に『生きよう。退院しよう』と言い出した。『まず生きちゃえ！』と。それで、なんの保障もなかったのに、本人が病院を出ると言い出した。そしたら、たくさんの人があちこちから寄ってきて支援グループができた。友達がたくさんいた人だったので、彼の介護はボランティアじゃなくて、バイトでできるって説明会をしました。そしたら友人たちがみんなヘルパーの資格を取ってくれた。彼が『生きる』と誓ったら、途端に人が集まってきたんです。

ただ、その頃の京都は、まったく障害者のための制度が使えない地域で、自立したＡＬＳの患者さんがいなかったんです。そこを大学の教員や弁護士の先生や障害者団体の人たちが手弁当で京都市と交渉してくれて、１日24時間の他人介護が保障されることになったんです。痰の吸引や経管栄養など医療的ケアが必要でも、家族がいなくても独居で自立した生活ができるように、京都市が支援してくれることになった。また、私たちも国の研究費の一部を重度包括支援のモデルづくりとして投入し、在宅移行の一切を記録しました。

こうして前例ができたことによって、単身のＡＬＳ患者でも『地域で生きる』道筋が京都市にできました。一人の患者が『生きる』決断をしたことで、制度や人、税の分配がついてきたんです。人間は、イチかバチかで生きている人をほったらかしにはしないんだなって思った出来事でしたね。この社会にも良心があるんだなと、そういう社会の有り様をただ信じてしまえばいい。だから、私はいつも呼吸器をどうしようか迷っているＡＬＳの人には『とにかく生きちゃえ！』と言います。生きてしまえば、いくらでも方法はある」

（拙著『14歳からわかる生命倫理』（河出書房新社）より。一部修正の上転載）

## ＡＬＳでも社長になれる

そうして一人が道を開けば、その「前例」の恩恵を受ける人が続々と現れる。家族がいなくても、呼吸ができなくても、身体がどこも動かなくても、病院ではなく地域で生きられるというモデルを、ＡＬＳの人々はこうして確立してきたのだ。

「だから、身体障害の人が生きるモデルはもうできたんですよ。どうやったって生きられる。そういうノウハウが日本では確立したんです」

だけど、24時間介護なんてものすごくお金がかかるんじゃないの？　結局はお金持ちしか生きられないんじゃないの？　と思った人もいるだろう。しかし、市町村が認めれば、24時間公的介護サービスを使うことができるので、自己負担は軽くできる。一人暮らしをするお金なども、生活保護か障害年金でまかなえるという。

「東京なら、厚生年金に入ってた人だと、月に15万円くらい貰えます。なので、アパート借りてもギリギリ、生活はできる。胃瘻だったりすると経管栄養剤は保険で支給されるから、食費もあまりかからないし、衛生用品なんかは病院からタダで貰えちゃうこともあるしね」

そこまで言うと、川口さんは信じ難い台詞を口にした。

「ただ、それだけだと旅行したり、人と付き合ったりできないですよね。それじゃ面白くないって人は、自分で会社を立ち上げて、社長になりましょう」

ALSの人が社長に？　一体どういうことなのか。

「ALSの人がヘルパー派遣会社を立ち上げて、社長になって会社を経営してるんです。そんな人が何人もいます。重度障害者のALSは知性には影響がないとされていますから、頭とパソコン操作する指先だけで会社経営できる人もいるんです。最近は、脳梗塞の人で、子どもが2人いる人が事業所を立ち上げたいというので相談に乗っています。

世の中には、『働かざる者食うべからず』『重病人は病院にいなさい』という暗黙の了解、風潮があるけれど、呼吸器をつけたALSの人たちは生活を楽しむために、発症前の経験を生かすことができます。その一つが、患者が社長になるっていうこと。『そんな身体で生きていても面白くないだろうし、働けないなら死んだ方がまし』って言うなら、『稼げるなら呼吸器で生きてても文句ないだろう』ってことで」

なんと痛快な話なのだろう。日本経済に貢献し、地域医療にも役立っている「重病人」。

しかし、多くのＡＬＳの人が最初から呼吸器をつけて生きることに積極的だったわけではない。

## 要介護は「雇用創出」のチャンス

２０１６年５月、〈障害者総合支援法〉の審議において、参考人として質疑に立つはずだったＡＬＳの男性が、「答弁に時間がかかる」として出席を拒否されたことを覚えているだろうか。よりによって〈障害者総合支援法〉の見直しの審議で、意思伝達障害があり、言葉を読み取るのに時間がかかるという理由で招致が見送られるとは。このことは大きな社会的批判を浴び、後日、男性の意見陳述は実現した。

その男性の名は、岡部宏生《おかべひろき》さん。患者にして、日本ＡＬＳ協会の副会長である。車椅子に乗った岡部さんはダンディな風貌で有名で、多くのＡＬＳ患者を励ます存在だ。しかし、そんな岡部さんも発病した頃は生きる希望をなくしていたという。

「岡部さんも、最初は『呼吸器はつけない』って言ってたんですよ。でも私は『発病しちゃったんだから、10万人に1人しか発病しない病気なんだから、死ぬ前にやれること、やってから死んでください』って言いましたよ。それから、元気な患者さんのことをお伝えしてみました。『この人は自宅で暮らしてる』『この人は会社経営してる』。岡部さんには『協会のボランティアをしてる私の仕事を手助けするつもりで、呼吸器つけて』って口説き落としました（笑）。ＡＬＳの人を励ますのは難しくないです。私は呼吸器をつけてから、いきいきと活動してる人たちの実例をたくさん知ってますから。『呼吸器つけて元気に生活して』って、心から言えますからね」

川口さんは、そんなＡＬＳの人たちが生きることそのものが「社会貢献」だという。

「ALSの人見て、本当にそう思うことあるんですよ。発病するまで、例えば社長さんだったり外交官だったり銀行の頭取だったりした人たちが、最重度の障害者になり、最初はすごく落ち込んだけど、立ち直って他人に介護してもらうようになっていく。しかも、無職からヘルパーになったばかりの人に身体の世話をさせたりして、偉いなぁと思います。介助があまりにも下手だとちょっと文句言うけど、自分で教えて、上手くなるまでじーっと我慢して。自分の身体を提供して、ヘルパーの生活を保障しています。無資格だった人を有能なヘルパーに育ててますよ」

川口さんの話を聞きながら、自分の中に今までまったくなかった視点に、視界がパーッと開けていくような感覚を覚えた。

「要介護になって自分を介護させるって、雇用創出ですよ（笑）。そうやって最終的には誰かのお世話になることによって、ヘルパーの働き口ができて、就労支援にもなる（笑）。『できることがいいことだ』という世間の常識と逆の発想をしていかないといけないですね。社会に介護もさせないで死ぬなんてダメ、呆けたり寝たきりになってもフツウに地域で暮らしていくために、ヘルパーをどんどん使って、育てて、雇用創出してからあの世に行きましょう、って（笑）」

また、自宅で家族の介護をしていたら1円にもならないわけだが、別の家に介護に行けばそれが「仕事」になる。

「例えば、親の介護をしても無報酬ですが、近所で介護が必要な人がいたら、そこの家族と介護を交代すればいい。親の介護をしてたら仕事にならないから無職ですけど、ヘルパーの資格をとって、よその親を介護すれば有職者になる。これって、介護離職者の貧困問題の解決策でもあると思いませんか？」

介護離職10万人と言われる現在、何か大きな突破口になりそうな提案ではないか。そして川口さんはヘルパー派遣事業を通して、日々、それを実践しているのである。

また、川口さんが「他人介護」を勧めるのは、「家族介護」の危険性を知っているからだ。冒頭で「第一の相模原事件」に触れたが、ALSでは他にも一家心中事件が起きているという。それらの事件の背景にあるのは、「密室での家族介護」だ。家族の中でケアが閉ざされ、24時間密室で向き合っていると、介護する人もされる人も追いつめられるという。

「家族や閉鎖的な施設介護で解決しろ、ということになると、殺し合いになりかねない。障害者はできるだけオープンな場所で、大勢の目に見守られて生活できるようにしていったほうがいい」

## 〈リビング・ウィル〉の危険性

そんな川口さんには、ずっと危惧していることがある。

それは「尊厳死」の法制化だ。2011年には超党派の国会議員たちによる「尊厳死法制化を考える議員連盟」も立ち上げられ、「尊厳死法案」の成立を目指している。

尊厳死。この言葉に、「自己決定権」のようないいイメージを持っている人も少なくないのではないだろうか。しかし川口さんは、「まず第一に、〈リビング・ウィル〉みたいなものは持っていない方がいいですよね」と言う。

〈リビング・ウィル〉とは、「尊厳死の権利を主張して、延命治療の打ち切りを望みます」などの意志を示したもの。「辛い延命治療に耐えるよりは……」という思いから、この〈リビング・ウィル〉に魅力を感じる人もいるのではないだろうか。しかし、川口さんはその危険性を指摘する。

「ＡＬＳの場合、一度〈リビング・ウィル〉というか『治療拒否の事前指示書』を書いてしまうと、自分の気持ちが変わった時に、周りが対応してくれなくなる。『自分は呼吸器をつけない』と言っていた人でも、最後に気持ちが変わることもある。最後まで死ぬ意思が変わらなかった人って、私の知っている範囲ではいないんじゃないかな。死ぬギリギリになってやっぱり呼吸器つけたい、と思うみたい。でも、事前に『呼吸器は拒否します』なんて書いていると、それが『約束』になってしまう。ＡＬＳに限らず、〈リビング・ウィル〉を書くということは、家族に白紙委任状を出すようなものです。自分がなんの病気になるかわからないのに、延命に繋がる治療の決定権はドクターや家族が握るわけです。自分の命を好きにしていいですよっていうのと同じ。あらかじめ、こういう治療を受けないと決めておくことによって、かえって自己決定できなくなることがあります」

また、尊厳死が法制化され、〈リビング・ウィル〉が推奨されれば、結局は医療費削減のため、高齢者や病気の人に対して、必要な医療すらカットされるという方向に行くのではないだろうか。

辛い延命治療に耐えたくない。家族に迷惑をかけたくない。尊厳死を望む人の思いはとても理解できる。しかし、痛みは別として、「迷惑」くらい、かけ合ったっていいのではないだろうか。それが健全な社会のあり方ではないのだろうか。

が、世の中の流れは、そんな価値観とは反対の方向に向かっているように思える。

## 寝たきりでも大丈夫

２０１６年9月、フリーアナウンサーの長谷川豊氏が、人工透析の患者に対して、「自業自得の人工透析患者なんて、全員実費負担にさせよ！」「無理だと泣くならそのまま殺せ！」という内容のブログを書き、大炎上となった。しかし、批判の一方で、そんな主張に賛同する声も寄せられた。また、10月には、自由民主党の小泉進次郎氏らが「人生100年時代の社会保障へ」という提言を発表。この中に、社会保障費抑制を目的として、健診などで健康管理をした人の医療費自己負担を引き下げる「健康ゴールド免許」なる案があり、一部の批判を浴びた。だが、「病気になるのは自己責任」という風潮はどんどん強まっているように思える。

そんな状況に、川口さんは憤る。

「困っている人を助ける相互扶助が保険の理念。なんでそういう自業自得の発想になるんでしょうね。健康で優秀な遺伝子だけ残していこうっていうのは、優生思想ですよね。そんな社会になった暁にはどうなるのか。幸運にも頑張り切れる人だけが生き残り、不運にも病気になったり、社会から脱落してしまった人の医療費は高くなる。つまり適切な医療を受けられなくなる、ってことですよね。そうやって弱った人間を淘汰していく。差別どころじゃなくて、もう、人類滅亡のSFが現実味を帯びてきますね」

取材の日、川口さんはスペインのバルセロナから帰国したばかりだった。ここまで書いてきたような実践を、バルセロナにある公立大学で研究者を相手に話してきたのだという。近々、また海外でALSを巡る療養支援について、話してくるそうだ。

日本のALS患者たちが呼吸器をつけ、一人暮らしをしたり、旅行に行ったり会社を経営している、なんて話をすると、海外の人たちは驚愕するという。日本は、ALSなどの難病で、かつ重度身体障害者の自立支援に関してはダントツの先進国なのだ。それはやはり、当事者や支援者の命懸けの実践によるものだろう。ちなみに医療保険制度で人工呼吸器が給付されるのは、日本を入れてもわずかに数えるほどだという。こういうことをこそ、この国は誇るべきだと思う。

取材中、私が最近病院で血圧が高いと指摘されたことを何気なく言うと、川口さんはあっけらかんとした様子で言った。

「ああ、脳梗塞とかになって寝たきりになっても全然大丈夫、楽しく生きていける。安心してください（笑）」

不意打ちの太鼓判だ。

寝たきりになっても大丈夫。生まれて初めて言われた言葉で、だけど、それは私に大きな安心感を与えてくれた。

そっか、寝たきりになっても惨めなわけじゃないし、何より、寝たきりでどこも動かなくなっても、そこに「雇用創出」という新しい世界すら広がっているのだ。

〈スーパー猛毒ちんどん〉の不屈のエネルギーと、ＡＬＳ患者の人たちの生きる実践。これを希望と言わずして、なんと言うのだろう。

# 〈座談会〉それでも私たちは生きていく

## ——30代男女に聞く「非正規労働者」の現在・過去・未来

さて、最後に、とある30代の男女お二人にお話をお聞きした。

女性は、町田《まちだ》頼子《よりこ》さん（36歳・仮名）。短大卒業以来、わけあって転職を繰り返しながら、ほぼずっと非正規雇用者として働き続けてきた。男性は、33歳の岩渕《いわぶち》弘樹《ひろき》さん。大学卒業後、派遣社員となった自身を撮影したドキュメンタリー映画『派遣フリーター』を撮影し話題となったが、その後、介護の世界へ。つい最近、ある企業に正社員としての勤務が決まった。

現在、非正規雇用率は4割を超えている。またそのうち、女性の非正規率は男性のそれの約3倍と数えられている。最近では、これらの数字は広く知られているが、ここではお二人に、現在の、そしてこれまでの仕事と日々の暮らしについて、そして将来への見通しなどについて率直に語っていただいた。

非正規雇用も正規雇用も、その実態は様々であることはいうまでもなく、お二人のお話は個人的な体験ではある。しかしその中に、雇用問題の本質が、そして同時に、この国で生きるすべての人が共有すべきテーマが示されているのではないだろうか。

## 憎んでいた「派遣」というシステム

**雨宮** こんにちは。お二人とも、今日はよろしくお願いいたします。岩淵さんは旧い知り合いなんですが、町田さんはお会いするのが今日が初めてですね。

**町田** はい、よろしくお願いいたします。

**雨宮** 町田さんは今、おいくつですか。

**町田** 36歳です。

**雨宮** 今は契約社員なんですよね。

**町田** はい、そうです。

**雨宮** 職種はどんな。

**町田** 出版関係です。今までもだいたいその辺りをうろうろとしてきました。

**雨宮** 今までのお仕事についてなど、少し教えていただけますか。

**町田** 私は短大卒なんです。できれば四年制の大学に行きたかったのですが、二つ上の兄が専門学校に行っていて、三つ下の弟が私立の高校に行くことが決まっていて。経済的にそこまで裕福な家ではなかったので、難しかったんです。

もともと本の編集に興味があったので、就職試験でいくつかの出版社を受けたんですが、どこも落ちまして、とりあえず拾ってもらった編集プロダクションに入りました。

**雨宮** 正社員で？

**町田** 3年ほど勤めてから正社員になりましたが、最初は手取り16万くらいで、保険も何にもないし、給料もほとんど上がらない。名ばかり正社員ですね。結局計5年半ほどで辞めました。でもその後がなかなか決まらなくて、結局、広告代理店の制作部みたいなところに派遣社員として行きました。

**雨宮** お給料は？

**町田** かなりやっていけない感じでしたね。この頃は本当に「派遣」というシステムを憎んでいました。だって間の企業にかなり抜かれてしまいますから。

**雨宮**　そうですよね。

**町田**　だからなんとか派遣から脱出しようとして、働きながら就職活動してました。

**雨宮**　うまくいきました？

**町田**　なんとか、契約社員としてある出版社に潜り込めたんです。でも今度は1週間とか家に帰れないことが続いて。ある日、地下鉄の駅で歩いてたら壁にぶつかってぶつかって。

**雨宮**　危ない……。

**町田**　まっすぐ歩けないし、道とかも盛り上がって見えてきちゃって。さすがに自分でもこのままではまずいだろう、と。でもなかなか次が見つからなくて、いくつかの派遣を経て新聞関係の企業に。

**雨宮**　そこはどんな形態で？

**町田**　やはり派遣です。で、今度はめっちゃセクハラされまして。

**雨宮**　ええっ？　どんなセクハラですか。

**町田**　まあ、言葉のセクハラがメインでしたけど。あと社員にご飯誘われて、断ると思いっきりゴミ箱蹴られたりとか。

**岩淵**　ちょっとちょっと、ひどいな、それ。僕もいろいろあったけど。

**雨宮**　あ、岩淵さんには後でじっくり聞きますから（笑）

**町田**　断られるなんて、彼的にはありえないんですかね。会社名出せば誰でもついてくるはず、とか思ってたみたいです（笑）。さすがに冗談じゃないと。で、しばらくはフリーで本の編集の手伝いなどをさせていただいた後、ある出版社の業務委託として働きましたが、業務委託とは名ばかりで、社員以上に働いていました。

## 「感情が鈍磨する」漢方薬を飲んで

**雨宮**　どんなふうに？

**町田**　例えば、私の出した企画を自分の企画のように平然と社員が発表するとかも結構ありましたね。

あと、言われたことを全部引き受けるのが業務委託なんだよ、とか言われまして。

**雨宮** そりゃ違いますよね。

**町田** むっとするんですけども、なかなか言えないんですよね。例えば、内線で社員と話した後、電話器が手の汗でめちゃくちゃ濡れてたり、朝起きれないとか、休日は1日中眠ってしまうとか。あと、なんかすぐに涙が出てきてしまって止まらなくなるとか。さすがにメンタルを少し崩しました。

**雨宮** 病院には？

**町田** 心療内科で漢方薬を出してくれるところに。保険がきくところでしたし。精神科に行ってしまうと「私……そうなのか」って思ってしまうじゃないですか。そしたらその後はちょっと自信ないですから。で、医者に事情を話したら、感情が少し鈍磨するような漢方薬を処方していただけて。

**雨宮** 感情が鈍磨する漢方って……大丈夫なんですか？ 安定する感じ？

**町田** 飲んでしばらくしてまた受診したら、「感情がなくなったら言ってくださいね」って医者に言われました。まあ、かなりそれはなくなる感じでしたね。でもそのほうが楽でしたから。

**雨宮** その後、しばらくはそのままその職場で？

**町田** いえ、なんで自分はこんなに転職ばかりしなくてはならないんだ、って思いましたけど、自分がどうなってしまうんだろう、と少し怖かったですから。本当はこの頃、自分が悩まされてきた雇用について、大学で勉強したい、っていう気持ちがかなり高まっていて、通信制で学べる大学をかなり探したりしたんですけれど、やはり時間的にも金銭的にも難しくて、諦めて。結局そこは1年で辞めて、それでまた契約社員として別の出版社に入りました。で、今に至ります。短大卒業してから、ほぼずっと非正規雇用ですよ。たぶんこれからも。

## 「いえ私、非正規なんで」

**雨宮** 今の職場は、少しは落ち着けますか？

**町田** 今までで一番お給料はいいですけど、露骨なカースト制がありますね。「私たちは一生お金には困らないから」なんて言ってる正社員に、「あなたも一所懸命頑張れば正社員になれるかも」と言われて、目の前にニンジンぶら下げられて。前はそのニンジンがほしい時もあったけれど、すでにそんな可能性は限りなく低いのはわかっているし、私も一応一人の人間として生きているので、そこまでして、みたいなところもさすがに出てきますからね。一時が万事カースト制なので、いちいちそれに怒っていても身がもたないです。

**雨宮**　怒ると体力使いますもんね。

**町田**　だからもう2年くらい前から、逆に、非正規であることを掲げて闘うというか。なんでもかんでもいいようにやらされますからね。だから、「いや私、非正規なんで、そんなこと言われても困ります。それはまず社員の方たち同士で何とかしていただいてから」と。そんなふうに性格悪くして闘うしかないんです。もちろんそれはそれで目をつけられますけれど、そうでもしないと、こっちもどんどん人間的に腐っていくわけで。でも最終的に限界がきたら辞めるしかない、と。そのくらいの権利はありますから。

**岩淵**　でも好きな業界で仕事しているってことだよね。

**町田**　そうですね、短大出るときから本の編集に就きたかったから、ある意味ではそうなんでしょうけれど、「好きなことを仕事に！」っていうテンションと、今、日々私が思っていること、感じていることのトーンはかなり違いますね。

**雨宮**　他の職種に、と考えたことは？

**町田**　いや、もう無理ですね。求人サイトとかで一応「事務希望」とか入れるんですが、オファーは来ないです。たぶん事務経験がないのと、年齢的に厳しい。

**雨宮**　今までの職歴がほぼ同じ業種だから、自動的にそういう企業からのオファーが来るんだ。

**町田**　そうですね。いつまでそれがあるのかわかりませんけれど。今すぐ食い扶持に困るわけではないけれど、でも裕福じゃない。こんな状態がいつまで続くのかわかりません。今も契約社員で1年更新だから、36歳、どこでどうなるかわかりません。

**雨宮** そうか、なかなかしんどいですね。また後でいろいろとお聞きしたいのですが、ここでちょっと岩淵さんにもお話ししてもらいましょうか。

## 「月収27万、工場で稼げます!」

**雨宮** では岩淵さん、今までの職歴とか、ざっと教えてもらえますか。今おいくつでしたっけ?

**岩淵** 33歳です。雨宮さんとは僕が18歳か19歳、たしか大学1年生の時、知り合ったんですよね。

僕、当時、映像関係の学部で勉強していたんですが、ある日、東京から映画監督を何人か招いてのワークショップがあって、雨宮さんが主演された『新しい神様』を作った土屋豊監督が来られたんです。その時、雨宮さんもいらしていて、そこで初めてお会いしたんですよね。

**雨宮** そうでしたね。それで岩淵さんが「毎日毎日クソつまんねえ」とか言うので(笑)、私、近々イラクに行く予定があったから「一緒に行く?」と誘ったんでしたね。

**岩淵** そうですそうです。アメリカがイラクに戦争を仕掛けようとしていて、国連が「待て待て」とか言っていた2003年ですよね。で、図々しくも雨宮さんにイラクに連れて行ってもらって、この時初めて、世界や社会の問題と自分自身とがなんとなく繋がったんです。

**雨宮** にもかかわらず、大学出てからはね……。

**岩淵** ええ。僕、山形の大学だったんですけども、地元の企業に内定が下りてたんです。でも、卒業のために1単位足りないことが判明して。

**雨宮** ぼんやりしすぎですね(笑)

**岩淵** 当然、内定取り消しになって、半年遅れて卒業した後、とりあえずフリーターとしてコンビニで働くことになりまして。で、ある日そのコンビニで求人誌を見てたら、「月収27万円、工場で稼げます!」という文言が目に飛び込んできたんですよ。

埼玉にある大手映像機器関連の会社でした。僕、まったくの田舎者なんで、埼玉って東京の一部くらいに思ってまして、よっしゃこれだ！　って。東京はある意味、やはり憧れでしたから。で、派遣会社に連絡したら即決まりで、すぐに新幹線のチケットももらって、すぐ上京……じゃなかった（笑）、すぐに埼玉で働き始めましたよ。

**雨宮**　ちょうど10年前くらいですよね。私が貧困問題に取り組み始めた頃です。気がついたら岩淵さんが工場派遣労働者になっていた。

**岩淵**　プリンターのインクタンクに蓋をくっつける仕事ですよ。流れ作業で1日中蓋をパチッと止めてボタンを押すだけ。

**雨宮**　お給料は？

**岩淵**　時給でしたね。

**雨宮**　27万円は？

**岩淵**　ありえませんよ（笑）。祝日とか連休とか盆休みとか正月休みとか、休みがあればある分、金が入らないし。

**町田**　わかります。派遣同士で「今月ヤバいよね」って言いながら、職場によくおにぎり持って行ってしのいでましたね。2月とかも困ったな。

**岩淵**　そうそう、2月、いやだよね。それに、大学の奨学金400万円の返済はじめ、他の借金の返済もあって。カード地獄。寮費もあるし。

## 「お前なんか奴隷だろ?」

**雨宮**　工場が休みの土日は、東京で日雇い派遣してたよね。

**岩淵**　埼玉から片道約1600円の交通費かけて、本当の東京へ（笑）。みんなそうしているんだと思ってた（笑）。土曜の夜は漫画喫茶に泊まって翌日の日曜日も日雇いをやって、夜、また1600円かけて埼玉に戻る。翌日からまた工場労働。でも、映画や音楽が好きだったから、東京にいるのが嬉しかったし、埼玉でもたまに個人的に映像を撮ったりしてましたね。

**雨宮**　でもね、たまに話を聞くと、埼玉のその工場の様子があまりにおかしいし、彼の様子もおかしいから（笑）、自分を題材にして、身近な日常の映画を撮ってみたら、と。

**岩淵**　大学時代から自分の身の回りの出来事をテーマにドキュメンタリーを撮っていたので、工場での生活ぶりを主題に撮影を始めました。雨宮さんから指摘されるまで、自分の工場での生活がおかしいことには気づかなくて。僕は仕事ってそんなものだと思ってて。雨宮さんの活動は、社会の制度であったり、雇用のシステムについての改善を求めていくものだというのはわかっていたんだけど、自分の場合は、選んでここに来ているんだから、派遣で時給で、それだけじゃ生活成り立たないし、いつ切られるかわからないし、もちろん保険一つないのも、すべてがそこを選んで働いている自分の責任だと思っていて。

**雨宮**　そんな経緯で作られた『遭難フリーター』にあるように、どこに行っても彼は「派遣社員？　お前なんか奴隷だろ」「負け組だろ」って、知らないおじさん達に死ぬほど絡まれてましたね。

**岩淵**　映画を撮り始めたのがちょうど２００６年の４月前後で、「偽装請負」問題から派遣労働が社会問題になっていた頃ですね。

**雨宮**　だから映画にも「俺は誰の奴隷なんだ、誰に負けたんだ」っていう苛立ちや憤りが描かれていた。映画を撮ってから、工場はすぐ辞めたんだっけ？

**岩淵**　ちょうどその工場で働いて１年目だったと思いますが、撮った映像を編集するために一旦辞めて、実家に帰って編集作業をしてました。親からは、仕事もせずに部屋に引きこもって作業をしてたので非難ごうごうでしたけど、なんとか仕上げて〈山形国際ドキュメンタリー映画祭〉に送りました。そしたら幸いなことに、映画祭含めて上映の機会がいくつか出てきたんですね。２００９年に公開されてからしばらくの間は、派遣社員が作った映画だし、当時の気運もあって劇場挨拶やメディアの取材とか、文章書いてくれ、とかのオファーがいくつも入ったりしたんです。でもその間も全然お金がなくて、派遣の仕事しながらなんとかやり過ごしていたんですが、そのうちそんなオファーもだんだん来なくなりました。

**雨宮**　派遣労働が当たり前になってきたからね。

## 27歳、正社員、介護職

**岩淵**　映像や文章をそれ以降の仕事に繋げていくほどの力もなかったし。それでもう限界、ってところでハローワークに行って仕事を探すことになるわけです。パソコンの前に座っていろいろ操作するんだけれど、希望職種をクリックしなきゃいけない。で、自分の経歴からすると、まあ映像かなってことで、「専門職」っていうカテゴリーをね。

**雨宮**　そんな大雑把な分け方なんだ。

**岩淵**　そう、町田さんもカテゴリーは「専門職」だよね。

**町田**　そうですね。それ以上の細分化はないですね。そことは別に、職歴を書くところもありますけど。

**岩淵**　そうそう。それでともかくそのカテゴリーをマークしたら、「介護職」の求人が山のように出てきたんです。で、ともかく仕事がほしいからその求人の面接に行くんだけど、資格があるわけじゃないし、そもそも介護がなんなのかよくわかっていないし、何をアピールすればいいのかわからないから、いくら面接に行っても毎回毎回、落ちまくる。

**雨宮**　なぜそこまで落ちますかね。

**岩淵**　なんででしょうね（笑）。若かったし、仕事をなめてるように見えたのかな。それで焦っていた時、お金を貰いながら職業訓練ができる制度をみつけて、即応募しました。そしたら運良くホームヘルパー2級の資格をとるための訓練に通えるようになって。しかも訓練終了後、訓練期間中の実習先だった有料老人ホームに就職も決まったんです。27歳にしてようやく運良く正社員に。

**雨宮**　お給料は?

**岩淵**　21万くらい。介護職としてはいいほうだと思います。

**雨宮**　借金はどうなっていたんですか?

**岩淵**　奨学金は40歳まで返済が続きますが、他は介護職に就いている間に債務整理をしました。過払い金の問題がいろんなところで報道されてたので、弁護士のところに相談に行ったんです。全部相殺はできなかったけれど、かなり楽になりました。でもその弁護士の手帳にフェラーリのステッカーが貼られてるの見た時、ちょっとイラッとしましたけど（笑）

**雨宮**　（笑）介護職は何年続けたの？

**岩淵**　5年ですね。僕、その間も休みの日とかに、個人的に好きな映像を撮り続けてたんです。で、なんとなく業界にそのことが少し知られていて、大好きなカンパニー松尾さんっていう監督から「ウチで働く？」って声がかかって、もちろん是非是非と。でも経営状態が思わしくなくて、1年間で人員削減ということで辞めざるを得なくなった。

**雨宮**　めまぐるしいですね。

**岩淵**　そうですけど、ともかくこちらは食うのに必死ですからね。辞めた直後から、いろんな人に「仕事ないですか？」と言いまくっていたら、たまたま自分の映画を見てくれた方から声をかけてもらって、今の会社に入れていただいたわけです。

**雨宮**　映像関係なんでしょう？　しかも社員で？

**岩淵**　そうですね。でも「新規事業部」ですから、これからどうなるんでしょう（笑）

**雨宮**　もともと製造業派遣でそこまでくるのは、なかなか珍しいケースかもしれませんね。

**岩淵**　そうかもしれません。埼玉の工場で寮が同室だった子はまだそこで働いていますね。時給のままで。彼は高卒でそこに来たんですけど、考えるとちょっとつらい気持ちになりますね。自分だって今までの道のりを考えると、これからまたどうなるか全然わからないわけですけれど。

## 「俺たちもう、絶滅危惧種」

**雨宮**　お二人とも、今ここに至るまでの長い道のりがあるわけで、かつ、今でもこの先どうなるかわからない、という不安があるわけですね。でもお二人とも「専門職」ではある。

私は今41歳なんですが、同世代の友人とかだと、そういう専門職ではない人が圧倒的で、時給1000円とかの非正規で単純労働の人がとても多いんですね。彼ら、彼女らは、35歳くらいまでは、この生活をなんとかしなくちゃ、なんとか正社員にならなくちゃ、と思ってきた。労働運動なんかに関わってきた人もいます。でもその年齢を超えると、ガクッとみんなが諦め始める。もう今の6畳とか4畳半をなんとかキープできればいいや、みたいなね。そうすると「なんとかしないと」と、もがいていた時より少し穏やかで平和な感じになる。そして40歳を過ぎると「俺たちみんな絶滅危惧種だよ。結婚もしていないし子供残せないし」と。そういうふうに諦めとしての定義をし始めるんですね。一見「平和」だけど、それが良いのか悪いのか……。

**町田** 40歳になる私の友人がいるんですが、やはり私と同じように短大を出て、その後ずーっと派遣でしか仕事していなくて、話を聞いていると本当に理不尽の連続です。条件面にしても、職場環境にしても、仕事の内容にしても。「それ、ちょっとおかしくない？」って私が言っても、「けど、もうそういう仕事だから」とか、「私の立場でおかしいと言ったところで、何かが変わるわけでもないし、下手すりゃクビになって次の仕事見つけられなかったらどうする？」とか、「60歳くらいまでこのままにしてくれるなら、もうそれでいい」とか。年齢とともに新しい別の仕事に就くのがどんどん難しくなるという現実はいかんともしがたくて。とくに事務職だったりすると、派遣の仕事も争奪戦なので。だから、大卒正社員にどんなにバカだのアホだの言われても、自分の仕事の成果を横取りされても、もうじっと耐えて耐えてという感じなんですね。なんというか、毎日生きるだけで必死で、そのことと労働運動のようなものとは、とても温度差がありすぎるという気がします。

今日もここに来る時、その友人や、境遇の近い他の友人とかを誘ったんですが、そんな話をしたら耐えられなくなる、死にたくなっちゃうから嫌だと。

口にすると、予想以上にダメージが大きそうだからやめとくわ、とか。

**雨宮**　そんな、死にたくなっちゃうなら口に出しちゃダメですよ。来なくて全然大丈夫。あと、運動って、そもそもみんながすべきことでもないですしね。つらい状況にある人にやりなよ、なんてとても言えないし、言うべきじゃない。自分だって一番つらい時にはできないことよ、って若い活動家の人はみんなそう言いますよ。年配の人たちは「もっと闘え労働者！」なんて平気で言いますけど、余裕がある人が余裕のある時にやるべきで、みんなに声を上げろ、運動しろ、なんてそれほど酷というか無神経なことはありませんよ。

## 「人を蹴落として、お前だけがのし上がれ」

**岩淵**　そうですよね。ところで、さっき雨宮さんが話してた人たち、中でも運動してきた人たちは、年齢とともに、だんだんと運動の方にも身が入らなくなるわけですか？

**雨宮**　そうなると、労働運動というより、生存問題になりますね。生活保護とか雇用保険とか求職者支援制度とか。自分を正社員にしろとか、そういう方向はすでに諦めて、セーフティネットに繋がれるように考えている感じです。時給は高くてもせいぜい1200円止まり。あとは下がるだけ。でもなんとか65歳まで、今の家賃5万円のアパートをキープして、どうにもならなくなったら生活保護に繋がるしかない、と。貯金なんてできるわけないしね。すでに疲れ果てて、鬱になって、生活保護受けてる人も多いし。

**岩淵**　それは本当にしんどいですね。僕も一番お金ない時は、今日はもう800円しかありません、っていうことがたびたび続いて。

**町田**　私も口座に900円があるんだけど、ATMだと下ろせない。だからそっと100円入れて1000円にしてから下ろすとか。

**岩淵**　通帳と印鑑持って窓口行けば下ろせるんだよ。

**町田**　ああそうなんですね。でも知ってても私、それ、できたかなあ……。

**雨宮**　私もフリーターの時はカツカツで。電気は毎月止まるもの、って割り切ってました。電話も止まるしね。残高1万あるとすごくリッチな気持ちだった。

**岩淵**　そんな雨宮さんも、その後頑張って、今は少しは安定しているんですか？　で、いろんな人にアドバイスしたり。

**雨宮**　たいして安定なんてしてませんよ。フリーだし、そもそもどこまで頑張ればOKなのか、正直まったくわからない。だから人にアドバイスなんて、到底できない。20年前には人生のモデルのようなものがあったのかもしれないけれど、今はもうそんなものはなくて、非正規になって今にも足元が崩れそうな人がたくさんいて。そんな状況で下手に励ましたりしたとしたら、それこそ人を蹴落としてお前だけがのし上がれ、みたいな無意味な話になってしまう。

## 人間が生きるために必要なもの

**町田**　なんだか諦めの話ばかりしているようで申し訳ないんですが、〈アリさんマークの引越社〉（第8章）に比べればまだ自分はましなのかな、とか……。それに、どちらかというとそんな闘いをしていることで、本当に病んでしまうんじゃないか、メンタルの部分が本当に大丈夫なのか、って気になってしまって。あの会社に対してもちろん憤りも感じますし、彼はすごいな、立派だな、と思う反面、闘い続けることでメンタルを壊してしまったら、そこにどんな意味があるんだろう、とか、やはり思ってしまうんです。自分なんかは、この会社にあと何年いられるのか、とか、次の派遣先が見つかるのか、とか、貯金がどのくらいあれば生き延びられるのか、とか、そんなことばかり気がかりで。私も友人たちも、いろんな意味で余裕がなくて、本当に毎日働くだけ。たまに好きなライブに行ったり映画を観たりして気持ちを持ち直して。だって時給なんて簡単に上がりはしないし、会社なんてきっとどこも大差ない、とかも思ってしまうし。

**岩淵**　〈アリさん〉の彼もそうだと思うけれど、雨宮さんたちのやってきた活動って、時給とかの問題ももちろん大事なんだけれども、結局はセーフティネットがギリギリどうありえるのか、ってことが一番大事なところなんだと思う。

例えば、介護離職の高野さんの話（第3章）の中に、路上生活の人を支援した人たちの迅速で繊細な対応がありましたよね。ペットＯＫのアパートの件もそうだし。そういうのって、何年かにわたる活動の積み重ねがあってからこその支援の形なんだと思う。今の時代、多くの人が高野さんの話を他人事として聞けない。つまり、いつ自分がこういうふうになるかわからない、と感じるんじゃないかな。僕もそうだし。で、その時、人間が生きるために最低限必要なものはなんなのか、って考える。ただ食べ物が、家が与えられればいいっていうことじゃなくて、その人が今何が必要なのか、それを見極めるためには、きっとそういう運動や活動の積み重ねが欠かせなかったと思います。

**雨宮**　猫がいることがその人の命綱だったりするし、何がその人の最後の尊厳を奪ってしまうのかとか、やはり運動や活動の実践の中で支援者が気づいていくこと、得ていくものは大きいと思います。

**岩淵**　〈アリさんマーク〉の場合も、これだけ世間にブラック企業がはびこっていれば、やはり他人事とは思えない。彼自身は本当に大変だけれど、仲間がいるから闘えるっていうところもあるわけですよね。すぐに何かを改善できないとしても、積み上げていくことはやはりとても大事なことだと思う。町田さんの言うように、一人で闘っていたら、当然潰れてしまうと思うけど。

**雨宮**　町田さんは、ご両親はご健在ですか？

**町田**　ええ、今のところは。でも父が2回ほど脳梗塞をやっていて。でも今のところ、非正規雇用の兄が実家にいて、金銭的な援助をまだ求められているわけではないので。でもこの先、もっと大変な状況になったら、なんとか考えていくしかないとは思っています。昨今、親の介護が必要になっても、絶対に仕事を辞めてはいけない、っていう情報がいろんなところから入ってくるので、それだけは避けられれば、と思っているんですけれども。

**岩淵**　僕は介護の仕事を少ししていたせいか、老いていくのは当たり前だし、誰にも順番が回ってくるものなんだと思ってる。いずれ僕もそうなる。で、これだけ高齢化で少子化なんだから、介護する人は減っていくわけですよね。だからみんなでお互いに、って。社会ってそういうことじゃないですか。

**雨宮**　とりわけ、最後の章の川口さんのお話は考えさせられましたよね。家族だけでなんとかするには、到底無理な問題がありますよね。

## 「格差」は想像力の欠如を生み出す

**雨宮**　さて、最後にお二人に、今後についての見通しなどをお聞きしたいんですけれど。

**町田**　私はゆくゆくは明らかな貧困になると思っています。実家は埼玉の団地なんですが、母親は絶対この家だけは手放しちゃいけない、って遺言のようにして私と兄に言うんですけど、マンションに建て替えるとかいう話も出始めているんです。で、そのための費用として1000万くらいは最低、貯めておけと。もしそれができるなら、兄と一緒に住まいだけは確保できるのかもしれませんが、またその後に修繕費用とかがかかっていくわけですよね。管理費とかも。

正直、今の私の状況と、将来の見通しを考えても、いつ生活保護になるかもわからない。でも、これだけいろいろ納めてきたんだから、その時はいただきますよ、と。多分私の友人たちもみんなそう思っていると思います。生活保護、恥ずかしいなんて気持ちはない。にしても、いろいろ不安で、この間、個人年金に入りました。いろいろシミュレーションして、とりあえず老後に備えて1万円くらいずつはなんとか、と。本当はパートナーがいて、共働きのほうがリスクは少ないよね、って友達と話したりする

こともあるんですけど、それと恋愛感情はまた別ですし（笑）

**雨宮**　岩淵さんは結婚してますよね。

**岩淵**　そうですね、妻はフリーターをしてます。

**雨宮**　私の同世代の知り合いには、突如婚活に邁進してる人が結構いますね。いろんなとこに登録しまくって、男性への条件は年収４００万以上だけなんだけれど、30代半ばを過ぎると、なかなか難しいらしい。婚活パーティに行ってフリータイムになっても誰も話しかけてくれないからトイレにずっと隠れてたとか。かなり自虐的な婚活の話を聞きますね。

**町田**　それ、わからなくはないですよね。今まで結婚なんてする気はなかったけれど。

**岩淵**　え、なんで？

**町田**　え、逆に、なんで結婚したいんですか？

**岩淵**　家に帰って電気がついてるといいな、とか（笑）

**町田**　そうですか（笑）

**岩淵**　町田さんも機会があれば。

**町田**　そうですね、そういう機会があればやぶさかじゃないですけども。でも今は、個人年金やりつつ、周りの友達と助け合って生きていこう、っていう方向が現実的ですかね。

**雨宮**　友達と助け合うとか、人との関係、それが一番のセーフティネットですよね。

**町田**　同じような境遇の人が多いから、理解し合えるというか、大変さがわかるから。友達が次の仕事が決まらない時は私がご飯おごるとか、逆の時もあったし。けど、全然境遇が違う人って、本当に冷たいじゃないですか。なんというか、そもそも会話が成立しないというか。話しているだけで疲れてしまうところがあります。

　例えば、知り合いの某大手通信関係の企業の正社員で、年収1千万の知人の話を聞いていたら、自分より稼ぎの悪い彼氏に年収のことでネチネチ言われて、結婚するつもりだったけど別れたんだと。で、「町田さん、彼氏より稼ぐ女性の気持ちってわかります？」って言われて。

**雨宮**　すごいこと言いますね。

**町田**　その気持ちはもちろんわかりませんけど（笑）、稼ぐ人は稼ぐ人なりに大変なのかな、って思うようにしてますね。でも、こういうこと言われることで、ああ、格差が広がっているんだな、と実感します。年収の話より、そういう話のほうがリアルに感じます。同じような境遇じゃないと、何かの共有とか共感し合うとかができないんだなあ、と。

そして格差って、想像力の欠如とかを生み出すんだな、って思いましたね。あ、それとも逆なのかな。まあ私なんかは、これからも格差の上のほうには行けないので、周りの友達と助け合っていくし、その関係はお互いに優しくありたいなって思いますね。

でも、例の漢方薬飲みはじめて、気持ちというか感情がヒューって飛んでしまっている時とかは、基本、誰とも会いたくないというか、会う方がストレスになることもありますね。

**雨宮**　生きるためには孤独であることも、一人の時間も必要ですよね。

**町田**　そうですね。だから例えば、せっかく相手がメールで誘ってくれてるのに、返事を返せないまま1週間以上私が放置してても、しばらくしてまた連絡くれるとか、そういう関係は本当にありがたいと思います。それがもし築けていなかったら、どこまでも一人になってしまう。でもそういう自分をあらかじめ想定して、打算で人間関係を築くことはできないし。

## 孤独死が怖い

**雨宮**　そういう関係性を築くのはかなり高度なことでもありますよね。そして、さらに歳をとっていくと、孤独死の問題にも繋がりますよね。40代でも全然ありえますから。私も一人暮らしで痛感しますが、友人との「孤独死防止協定」のようなものが絶対に必要ですね。

**町田**　私も孤独死はリアルに気になっています。

今の私のアパートの隣の部屋で、脳梗塞で倒れたらしい、足を引きずっているおじいちゃんが一人暮らしを始めてるんですよ。2日に1回くらいヘルパーさんが来て、廊下で歩行訓練とかしているんですけど、深夜、隣の部屋からガタッと音が聞こえてくると、もう私、いてもたってもいられなくなる。私にもう少し余裕があれば、休みの日とかちょっとおじいちゃんのお話を聞いたほうが、私も逆に安心できると思うんですけど、なかなかそこまで踏み込めなくて。

**岩淵**　ヘルパーさんが来てるんなら、ケアマネージャーとかにも繋がってるから、まず安心だと思うよ。

**町田**　そうか、自分のほうがよほど心配だった(笑)

**雨宮**　やはり安心できるコミュニティが大事ですよね。

**岩淵**　地元に帰れば、また一つのコミュニティがあるし。

**町田**　ああ、私の場合は、地元の子はかなりの数が結婚しているので、やはりだいぶ境遇が異なりますね。「助けて」とか「本当にヤバい」とかはなかなか言えない雰囲気ですよね。たまには地元で遊ぼうよ、とか言われても、本当にお金がなかった時は、地元に帰る電車賃すらきついんだ、と言えなかったし。心底、弱いところをさらけ出せない。そもそもそんなこと言われても相手も困るだろうし。なかなか難しいですよね。向こうが良かれと思って遊びに誘ってくれているのに、それ以前に電車賃がしんどいとか、やっぱりなかなか言えない。

**雨宮**　電車賃は難しいけど、お金がほとんどかからずに遊ぶことはできますよね。路上でカンパ制で缶ビール飲むくらいならなんとかオッケーとか。あと、お互いの事情がある程度共有できている人間が例えば5人くらいいれば、誰か一人くらいは懐が温かい人がいるかもしれないし、誰かの親が農家やっていて米だけはたくさん送ってきてくれるとかあるかもしれないし、誰かの実家がすごくお金持ちだったりとか(笑)。町田さんも岩淵さんも言っていたように、精神的な部分だけじゃなくて、物理的なところでお互いSOS出し合って助け合うことが必要だし、大切なことですよね。年収いくらとかで繋がるんじゃなくて、今はいろんな趣味や、「生きづらさ」で繋がるようなコミュニティもあるので、ちょっとそんな気になったらアクセスしてみるといい、と思います。

## ほんのわずかな想像力で

では、最後の最後に、何か一言ずつ。

**岩淵**　僕はもう、映像だけが自分が手にした技術なので、この技術で必死に食らいついていきたいと思います。社会との繋がりを自分なりに保ち続けたい。

**町田**　生まれるところは選べない。運命みたいなものかもしれない。悲しいけれど、つくづくそう思いますね。だから少しでもその不均衡がなんとかなるといいいな、って思います。

それと、そのことと関係あることかどうかわからないんですけど、今朝会社に行く時、ちょっと切ないことがあったので、それを話したいです。

私の今住んでるところの近くに公園があるんですけど、そこにはホームレスの方が多くいらっしゃるんですね。で、そこの前を今朝通ったら、近所の保育園の子たちが、保母さんに連れられて、朝の散歩をしていたのに出くわしたんです。そしたらそこに、ホームレスのおじさんの一人が、お菓子の入った袋を持ってきて、「保母さん、保母さん、これ子どもたちに食べさせてやってよ」って言うんですよ。で、保母さんは「いや、お気持ちだけで。子どもたちは保育園に帰ればおやつがありますから」と。でもおじさんは「いや、食べてよ食べてよ、本当においしいお菓子だから」って食い下がる。でもやっぱり保母さんは断り続ける。で、保母さんと子供たちが行ってしまった後、おじさんは「何でだよ、何でだよ！」って言いながら、道にそのお菓子の入った袋を投げつけていて。それ見たとき、「そのお菓子、私がほしいです」って言いに行こうかな、くらいの気持ちになったんです。保母さんが断るのもわかるし、おじさんが本当に食べてほしかった気持ちもわかるし。それぞれの運命で仕方がないんだ、っていうふうにも思うんですけど、なんていうか、「優しさだけはもっていたい」っていうか。保母さん、そのお菓子を貰って捨ててしまってもいいと思うんですよ。もしかしたら、なんですけどね。そしたらそのおじさんも、変な言い方ですけど、浮かばれるっていうか。だって、貰ってもらえなかったお菓子を自分で食べようなんていう気持ちになれない。なんかすれ違っているんだな、って思いました。すべてのことが。

前に何かで読んでうっすら覚えているだけなんですが、「すべてのことは、優しさやちょっとの想像力でなんとかなる」っていうような言葉があって。なんとかならないことも多いんですけど、でも多少は変わるんじゃないかな、って思います。

派遣でも契約社員でも業務委託でも、賃金低くて不安定な状況なわけで。けど、それを自分に置き換えてみたら、そんなんじゃ暮らせないし、すごく不安なんだ、って誰にだってわかるはずじゃないですか。でもそれをしない。それって想像力が足りないってことじゃないですか。

難しいことはわかりませんけど、例えば飲みに行くっていう時に、この子は給料が安いから、あんまり高い店にしないほうがいいよね、とか。そういう配慮をみんなが持ち寄ったら、いろんなことがそれほどギスギスしないで済むんじゃないでしょうか。

**岩淵**　一人５０００円とかの割り勘だったりしたら、そんなのキツいに決まっていますもんね。そういう優しさってことですよね。

**町田**　ええ、そんな気がするんです。単純なことのような気もするんですけど、よくわかりません。でも、今朝からずっとあのお菓子のこと、なぜか本当に切なくて。

**雨宮**　なんかそれって、すごくわかります。

お二人のお話、どれも簡単にまとめることのできないものばかりでしたけれど、なんとか精神的、物理的に助け合って生きていくしかないですね。時に国の制度もフル活用しながら。そのために、闘わなきゃいけない時もあるかもしれない。そんな時は駆けつけますので（笑）。

今日は本当にありがとうございました。

## あとがき

さて、ここからは後日談だ。

まずは第1章にご登場頂いた優子さん。

最近久しぶりに会ったのだが、彼女は施設を出て、現在は支援団体の助けを借りながら、グループホーム的な環境で暮らしている。

お邪魔したアパートの部屋はさっぱりと片づき、可愛らしい小鳥がいて、同じアパートに住む女性と、「近々結婚する彼氏」が遊びに来ていた。

礼儀正しい彼氏は優子さんを常にいたわっていて、なんだかその様子はとても微笑ましく、二人を見ながら、何度も胸が熱くなった。今まで、施設に入っても孤独だったけれど、今は支援者との繋がりがあり、同じアパートに住む住人たちとの関係も良好だという。以前から優子さんを知るという彼氏は、「本当に今、安心してるんですよ」と語ってくれた。

一方、第6章に登場して下さった、原発事故によって自主避難している鴨下さん夫婦には、2017年3月に住宅の無償提供打ち切りが迫っている状況だ。北海道では、道営住宅に住む自主避難者への無償提供が1年延長されることが決定され、山形・米沢市では、市長が福島県に無償提供の延長を要請している。国・東電の犠牲者である避難者たちを追い出そうとする一方で、この国は2016年11月、日印原子力協定を結んだ。原発事故収束の目処すら立っていないのに、インドに原発を輸出するというのである。

残念なお知らせもある。

第10章に登場して下さった勇さんが原告である〈生存権裁判〉だが、最高裁第3小法廷は上告を退ける決定を下したのだ。これによって、敗訴が確定となった。

老齢加算廃止は、合憲——。またひとつ、「生存権」が切り崩された。

確定から数日後、私の元に勇さんからの「絵手紙」が届いた。

なんでも、市の文化事業のひとつとして絵手紙の無料講習が行われ、「86歳の手習い」として絵手紙を始めたとのこと。

届いた葉書は、3枚。紅葉などを描いた絵手紙に混じって、作業服姿で壁を塗る職人を描いたものがあった。まるで過去の勇さんを描いたようなその絵の横には、「腰を据え　皆で塗りつぶそう悪奉行」という言葉。

「棄民」のような判断が下された一方で、絵手紙を楽しむ勇さんの姿勢に、何か救われた思いがした。

本書でも触れた通り、現在、生活保護費そのものの引き下げを巡って、全国27地裁で900人以上が原告となり、裁判が行われている。今後は、この〈いのちのとりで裁判〉を熱烈に応援していくつもりだ。

2006年から貧困の問題を追い始めて、10年以上。まさかこんなに長い時間、この問題を追い続けるとは思ってもみなかった。どこかで解決の兆しが見えると思っていたのだ。

自分のことも考える。06年に31歳だった私も、もう41歳。

当時は「若者」とくくられたものの、気がつけば同世代の問題は「若者の貧困」ではなくなっていた。そうして20歳から40歳までの20年が「失われた20年」と重なった同世代は、今、自分たちを「絶滅危惧種」と呼び始めている。子どもという「種」を残せないからだ。

20歳から40歳までの20年を丸ごと失われたらどうなるか。

ひと世代前までなら、多くの人たちが、その20年の間に就職したり結婚したり出産したり、ローンを組んで家を買ったりした。しかし、私の周りの同世代を見渡せば、いまだ非正規で20歳の頃と同じ時給。未婚率も高く、子どもがいる人はごくごく少数だ。団塊ジュニアでもあるこの世代、これほど雇用破壊が進んでいなければ、90年代、00年代にベビーブームがあっただろうに、少子化は深刻化した。そうして同世代女性は今、出産可能年齢の限界を迎えようとしている。なんだか、社会実験の実験台にされた気分だ。

10年経って思うのは、〈ロスジェネ〉と呼ばれた私たちの世代は今、「取り返しがつかなくなりつつある」地点に立たされているということだ。「若者」とくくられなくなったことで、政策の対象にすらならない。

だからこそ、次の世代にはこんな思いをしてほしくないとも思う。

そして、やっぱり自分たちだって見捨てられたくないし、親世代が苦しくなったら最悪共倒れだし、子どもの未来がお金で決まるのは不公平だし、勇さんのような高齢者が切り捨てられる社会も嫌だ。

すべての世代の貧困対策を、今、心から望んでいる。

というか、もう少し、お金にも時間にも余裕があったら、きっともう少し優しい社会になると思うのだ。

優しい社会の方が、たぶんみんな、生きやすい。

人生や未来を人質にとられて競争することに、もうみんな、疲れ切っているのだから。

２０１６年12月　雨宮処凛

スペシャルサンクス

取材、座談会に応じてくれたすべての皆さん、素敵なコメントを下さった上野千鶴子さん、デザインの柳谷志有さん、集英社インターナショナルの清水檀さん。そして、この本を手に取ってくれたあなた。

●初出＝集英社インターナショナル・ウェブサイトに「一億総貧困時代」として連載（２０１６年1月～同10月）。
第11章および座談会は書き下ろしです。
●編集協力＝糸瀬ふみ

●雨宮処凛（あまみや・かりん）
1975年、北海道生まれ。愛国パンクバンドボーカルなどを経て、2000年、自伝的エッセイ『生き地獄天国』（太田出版）を出版し、デビュー。以来、若者の「生きづらさ」についての著作を発表する一方、イラクや北朝鮮への渡航を重ねる。06年からは新自由主義のもと、不安定さを強いられる人々「プレカリアート」問題や貧困問題に積極的に取り組む。反貧困ネットワーク世話人。09年～11年まで厚生労働省ナショナルミニマム研究会委員を務めた。著作に、JCJ賞（日本ジャーナリスト会議賞）を受賞した『生きさせろ！ 難民化する若者たち』（ちくま文庫）、『ロスジェネはこう生きてきた』（平凡社）、『14歳からわかる生活保護』（河出書房新社）、『排除の空気に唾を吐け』（講談社現代新書）、ほか多数。共著に『「生きづらさ」について 貧困、アイデンティティ、ナショナリズム』（萱野稔人／光文社新書）など。

一億総貧困《いちおくそうひんこん》時代《じだい》

2017年1月31日　第1刷発行
2017年8月31日　第2刷発行

著　者　雨宮《あまみや》処凛《かりん》
発行者　手島裕明
発行所　株式会社集英社インターナショナル
〒101-0064　東京都千代田区猿楽町1-5-18
電　話　03-5211-2632
発売所　株式会社集英社
〒101-8050　東京都千代田区一ツ橋2-5-10
電　話　読者係　03-3230-6080
販売部　03-3230-6393（書店専用）
ブックデザイン　柳谷志有（nist）
印刷所　大日本印刷株式会社
製本所　株式会社ブックアート


ISBN978-4-7976-7338-8 C0095